DE MUJER
A MUJER

DE MUJER A MUJER

SULEMA GARIBAY

Número de Control de la Biblioteca del Congreso de EE. UU.:   2012904194
ISBN: Tapa Dura   978-1-4633-2232-8
                   Tapa Blanda   978-1-4633-2231-1
                   Libro Electrónico   978-1-4633-2230-4

Este Libro fue impreso en los Estados Unidos de América.

Para pedidos de copias adicionales de este libro, por favor contacte con:
Palibrio
1663 Liberty Drive
Suite 200
Bloomington, IN 47403
Llamadas desde los EE.UU. 877.407.5847
Llamadas internacionales +1.812.671.9757
Fax: +1.812.355.1576
ventas@palibrio.com
380639

Este libro pequeño lo dividí en 4 partes
para que sea fácil de leer.

Primera parte del capítulo 1 al 10

Cap. # 1.- Explicación Importante....................................11

Cap. # 2.- Mi niñez..15

Cap. # 3.- Mi esposo borracho 20

Cap. # 4.- Dios y yo..23

Cap. # 5.- Fe...26

Cap. # 6.- Dándome a conocer 32

Cap. # 7.- Toma concejo 37

Cap. # 8.- No tengan miedo..42

Cap. # 9.- Desafío 46

Cap. # 10.- Macho (Hombre o animal).........................51

Segunda parte del capítulo 11 al 20

Cap. # 11.- A mis 22 años de edad 57

Cap. # 12.- El reencuentro...60

Cap. # 13.- Perseguida 64

Cap. # 14.- Cambio de vida 67

Cap. # 15.- La gran decisión 70

Cap. # 16.- Mi nueva vida 72

Cap. # 17.- El desengaño 75

Cap. # 18.- El dolor..79

Cap. # 19.- ¿Qué hacer.?...82

Cap. # 20.- La lucha...86

Tercera parte del capítulo 21 al 35

Cap. # 21.- Empieza la guerra 91

Cap. # 22.- El perdón 95

Cap. # 23.- Sexo 100

Cap. # 24.- La humillación 103

Cap. # 25.- La amenaza..106

Cap. # 26.- Día especial 108

Cap. # 27.- LA Transformación 111

Cap. # 28.- El soñador.. 114

Cap. # 29.- El descontrol... 116

Cap. # 30.- El descuido 119

Cap. # 31.- La separación 121

Cap. # 32.- La trampa de Satanás..................................... 124

Cap. # 33.- El regreso a casa 126

Cap. # 34.- La liberación... 129

Cap. # 35.- Los hipócritas.. 133

Y por última parte: Los cantos que escribí inspirados por Dios

Cap. # 36.- Mis composiciones 141

Cap. # 37.- Más composiciones 173

¿Qué quién soy yo? Simple y sencillamente una mujer.

Introducción: Viendo la necesidad de la mujer de hoy en día, Dios a querido que escriba este libro con el propósito de que la mujer contemporánea comprenda, entienda que no está sola, que hay alguien muy poderoso que la está mirando, también protegiendo, que lo único que necesita es darse completamente a Él, y, Él le concederá los deseos de su corazón y que ese alguien es Dios su Creador.

Este libro no es un libro religioso, es solamente parte de mi vida, que puede ayudar a muchas mujeres desesperadas recibiendo algunos concejos, de cómo manejar algunos de los problemas cotidianos de la vida y de su pareja. También le ayudará para no llegar al divorcio porque la mujer moderna necesita abrir los ojos, y ser valiente. Aunque el libro es escrito exclusivamente para la mujer también a los lectores masculinos les puede ser útil, ya que los concejos se pueden generalizar, conforme la necesidad de cada lector. También hablo de algunas acciones tomadas por mi esposo, que para sorpresa del hombre, serán de mucha bendición para ellos, ya que el hombre tiende a no perdonar a su pareja cuando él cree tener el derecho, de que siempre se le sea perdonado sus malas acciones, recordemos que todos somos seres humanos y como humanos también imperfectos. También este libro muestra como el hombre es capaz de perdonar a su pareja, no solamente la mujer. **Sí es posible**.

PRIMERA PARTE

Capítulo #1

Explicación Importante

Tengo que mencionar que la mayoría de los escritores de libros, se guían en algún libro o libros para escribir su libro, concordando con los demás escritores sabios. Quiero que sepan que solamente estaré usando el diccionario enciclopédico Océano y la Biblia, esos son mis 2 libros solamente, lo de más es parte de mi vida, de lo que he vivido, lo que mis ojos han visto y mis oídos oído.

También es importante declarar que la *palabra Biblia,* no existe en ninguna parte de los libros escritos en la Biblia.

Biblia: Significa, (los libros), Conjunto de libros Judíos y cristianos que se cree revelado por Dios. Divididos en A. T. y N. T., el primero narra sobre la creación del mundo hasta la sublevación de los Macabeos, y el segundo recoge la misión de Jesús y los primeros tiempos del cristianismo. La iglesia Católica reconoce 47 libros en el A. T. y 27 en el N. T. ; la mayoría de los primeros están escritos en Hebreo y en el N. T. en Griego., excepto el evangelio de Mateo, compuesto en Arameo. *A. T.:* Significa, Antiguo Testamento.

Para mí el Antiguo Testamento, significa el principio, como se llama el primer libro (Génesis), donde se narra la creación del universo, la tierra, la creación del ser humano y todo lo que respira, es tan precioso apreciar toda la creación de Dios. Es admirable como Dios se comunica con la humanidad en aquel tiempo. Como Dios escogía a sus profetas quienes hablarían de su palabra. Como Dios audiblemente se comunicaba con ellos, para que transmitieran al pueblo el deseo de Dios. Esto sí que es fuera de serie, como los profetas decían lo que pasaría en un futuro, al escuchar la voz de Dios. Profecías que duraron cientos de años en cumplir, y el profeta siempre fiel a la voz de Dios.

Ej: El profeta *Isaías en su libro 9:6 profetiza:* Porque un niño nos es nacido, hijo nos es dado, y el principado sobre su hombro; y se llamara su nombre *Admirable, Consejero, Dios Fuerte, Padre Eterno, Príncipe de Paz.*

El cumplimiento fue en Mateo en el Nuevo Testamento.

1ra. de Pedro 2: 9 …..de las tinieblas a su *luz admirable.* Para mí el principio del nuevo testamento es el Nacimiento de Jesús, que precisamente se encuentra en el primer libro del N. T. en Mateo y el último libro escrito por el Apóstol Juan en la isla de Patmos cuando estaba preso, cuando su único delito era predicar la palabra de Jesús, así como Jesús le había encomendado; este libro es muy interesante, porque como su nombre lo dice (Revelación), aunque en español le pusieron Apocalipsis, la verdad es que es revaluación, porque se trata la mayor parte del libro de revelaciones que Dios le daba a Juan. Muchas de las profecías dadas en el A.T. por los Profetas de Dios, se han cumplido en el N. T.

Nombre de Dios: Yo soy el que soy, El yo soy, YHVH, Yod-heh- vav-heh (Hebreo), *Yaveh* (otro invento en Español), *Adonai, adonai Elohim,* (Señor Dios), *Elohim, Padre eterno, príncipe de paz, Dios fuerte* y muchos más…..

Emanuel: que significa Dios con nosotros.

Jesús: Salvador.

YHVH: Estas son las *cuatro letras,* equivalente en Español, por esa razón ha sido difícil traducir esto al idioma, porque no tienen vocales, los traductores de la Biblia, acomodaron estas cuatro consonates, de

tal manera, que las pudiéramos pronunciar, añadiendo vocales.
Jehová. Jehová: Escritura convencional de *Yahweh...* (Lo mismo).
Jehová: Según la concordancia bíblica: Dios, Jehová de los ejércitos, *Señor.*
Yahweh: Nombre del Dios de Israel.

De etimología y significado discutido, el más aceptado es el de <<ser que subsiste por si mismo>> En las traducciones bíblicas aparece también como *Yaveh* o *Yahveh, Emanuel,(Dios con nosotros, Yo soy el que soy...* El Dios que existe por si solo.

Mi punto de vista:......Sinceramente he llegado a creer que *Dios, el Rey de reyes* y *Señor de Señores* el *Todo poderoso, el que es, el que era, el que ha de venir* y todos los demás nombres son UNO solo, que ese nombre era oculto, pero que después fue revelado a los hombres, y es *JESÚS. Para nosotros los gentiles. Hechos 4:11,12 dice:* Este Jesús es la piedra reprobada por vosotros los edificadores, la cual ha venido a ser cabeza del ángulo. Y en ninguno otro hay salvación; porque *no hay otro nombre bajo el cielo, dado a los hombres, en que podamos ser salvos.*

GENTIL(LES): Idólatra o pagano. Para los Judíos y primeros cristianos: son los que profesaban la religión grecorromana.

GRECORROMANA:- Greco-romana: Es una "Religión Mediterránea". Una de las características de esta religión es que hay más diosas que dioses; casi siempre como la Madre, o esposa del dios masculino. Tenían un dios o diosa, dominando cada área; como, el dios de la salud (Apolo)... y otros más; dios Zeus, su hijo Dionisio...para cada hecho de la naturaleza tenían uno, o una diosa.

Apocalipsis *22:12,* Dice: He aquí yo vengo pronto, y mi galardón conmigo, para recompensar cada uno según sea su obra. Yo *soy el Alfa* y *la Omega, el* principio y *el fin, el* primero y *el último.*

Estas son palabras de Jesús en el libro de Apocalipsis *1:8,* dice: Yo soy el Alfa y la Omega, principio y fin, dice el Señor, el que es y que era y que ha de venir, el **Todopoderoso.**

Donde especifica nuestro Señor Jesús que él es quien es, el **Todopoderoso,** son estas citas:

Apocalipsis *1:8, 4:8, 11:17, 15:3, 16:7, 19.6, 21:22;* Jesús se llama a si mimo el: **Todopoderoso,** o el es el **mismo Dios o es un mentiroso,** eso piénselo usted mismo, y obtenga la respuesta, conforme Dios permita que usted entienda porque es un misterio.

A. T. En el primer libro de la Biblia, *Génesis 17:* 1 Dice Dios a Abram: *Yo soy el Dios Todopoderoso…..*

Job 5:17 dice:…..Por tanto, no menosprecies la corrección del Todopoderoso.

Job 22:25 dice: Él Todopoderoso será tu defensa,…..

Job 37:23 dice; Él es el Todopoderoso, al cual no alcanzamos, …..

1ra. de Timoteo 3:16, E indiscutiblemente, grande es el **misterio** de la piedad: Dios fue manifestado en carne, Justificado en el Espíritu, Visto por los ángeles, Predicado a los Gentiles, Creído en el mundo, Recibido arriba en gloria.

Comentario mío: Sobre el nombre de Dios, ha habido mucha controversia, por las traducciones bíblicas, por eso definitivamente hay traducciones que, mejor usan el nombre de *Señor.* Como la traducción bíblica: Las Américas y otras…La Biblia que uso en esta ocasión, para escribir este libro es la Biblia de estudio Pentecostal.

Reina-Valera 1960.

Diablo: En el cristianismo, ángel arrojado por Dios al infierno. **En mi Biblia:** Adversario, Beelzebú, Belcebú, Satanás.

Satanás: se menciona esta palabra en la Biblia más de 30 veces. Hago mención de estas últimas palabras, porque una vez me encontré en la calle una persona que hablaba de Dios y me dijo que el diablo no existía, tampoco Satanás; le dije entonces ¿Si estás predicando del amor de Dios, y traes una Biblia, no te has dado cuenta que sí está este personaje en la Biblia? de hecho él es el enemigo número uno de nuestras almas.

Capítulo #2

Mi niñez

De mi niñez definitivamente contaré muy poco, No porque no tenga nada que decir de mi niñez; sino que, es tanto lo que me pasó desde mi primer año de edad cuando mi padre trató de matarme con unas tijeras; ahí mi madre tomó la decisión de dejarlo para siempre; por lo tanto, fui creada prácticamente sin padre.

A la edad de como 7 años más o menos el esposo de una prima, trató de abusar sexualmente de mí, no lo logró, porque grité tanto, que se asusto y salió corriendo de la casa; Esto casi nunca lo he mencionado, pero esta vez me voy a atrever; nunca más lo he vuelto a ver, porque el muy cobarde, huyo muy lejos del pueblo, cuando supo que mi hermana lo andaba buscando para acusarlo a las autoridades, Mientras el huía; en el camino se encontró con gente de ahí del mismo rancho, y les dijo que se iba huyendo porque había abusado sexualmente de mí; lo cual no era verdad, porque no me hizo nada. No entiendo la razón de su mentira, no tiene sentido; dicen por ahí que se fue a Estados Unidos. Después de ese acontecimiento en mi rancho las cosas ya no fueron igual; los niños crueles se burlaban de mí en la escuela, me pusieron la mujercita, ciertamente entendía poco de lo que estaba pasando en mi vida, a esa edad, pero el tiempo fue pasando, poco a poco supe de lo que se trataba. Los familiares de ese hombre, incluso la misma prima y toda su familia dejaron de hablar a mi familia (se dividió en dos); como si yo tuviera la culpa de que ese hombre se haya ido del pueblo a Estados Unidos. No solamente dejaron de hablarme sino que también me intimidaban, yo no tenía permitido pasar por la calle donde vivía la familia del hombre. Aún recuerdo una vez que me mandaron a comprar unas sodas, tenía que pasar por esa calle, aunque no pasé por la cera donde está la casa, sino por en frente, por la otra banqueta, aun así, salieron las hermanas de A él y su mamá tapando el paso; me decían que yo no podía pasar por esa calle, estaba prohibido para una mujercita como yo; aún recuerdo sus carcajadas, pero no recuerdo que tantas cosas más decían; porque yo tenía mucha inocencia, lo que sí recuerdo son sus rostros rojizos del coraje; porque era una familia blanca o güera algo así, sus ojos encorajinados, tijeras en sus manos, cubetas con agua; ellas decían que era agua caliente, no lo supe; porque no me bañaron, agujas grandes en sus manos con hilo; en medio de sus carcajadas no entendía lo que decían; mi mente estaba muy confundida, pero sí recuerdo que me decían que tenía que salirme de esa calle, dar vuelta atrás y rodear por donde tuviera que rodear, para ir a comprar sodas a la tienda de la esquina. Para mí fue un martirio vivir en esa temporada de tiempo, pero nunca lo demostré ante nadie, sufría en silencio, porque en cierta manera, me sentía culpable; porque los que me rodeaban así me hacían sentir, soportando así también las burlas de los niños de la escuela.

Padres de familia: Es importante que hablen con sus hijos, que ellos comprendan que tienen una amiga (o) en casa, que tengan confianza de decir lo que les pasa en la Escuela, porque los compañeros de escuela son crueles, siempre buscan una excusa para hacer burla a un pequeño; si es gordo, si es muy flaco, si es muy inteligente, si es muy burro, si es feo, si es guapo, si es pobre o rico. ¡Qué tristeza…!

A la edad de 11 años, tuve que irme a la ciudad para poder estudiar, porque en ese pueblo, más digo, rancho, solamente había escuela primaria. Fue así que empecé a vivir en Tepic Nayarit. Ahí fue donde estudie y viví hasta casi los 18 años de edad.

A mis 17 años, fui violada por mi novio; que por cierto nadie me lo creyó, ni siquiera mi familia, ellos siempre pensaron que lo hice con mi consentimiento, hasta la fecha de hoy; porque tristemente los familiares de uno, cuando nos pasa algo, si somos violadas, burladas o engañadas por algún tipo, siempre las culpables vamos a ser nosotras, de una manera u otra, especialmente en nuestra comunidad Hispana.

Recuerdo que amablemente una vez él me dijo que quería tener relaciones sexuales, rápidamente le conteste que no, porque no sentía amarlo lo suficiente como para cierto acto. Para mí el sexo ha sido y será siempre algo sagrado, limpio, es la culminación de un gran amor.

Después de esto seguía insistiendo, entonces decidí terminar con él porque solamente pensaba en sexo. Yo me sentía muy joven para jugar a estos juegos, también quería estudiar ser una profesional en mi carrera. Pero al ver que yo ya no quería nada con él, empezó a acosarme todos los días, iba a mi casa a querer sacarme a la fuerza. Un día llego, al tocar, le dije que se fuera, que no quería nada con él, empezó a gritar que me quería, que yo tenía que ser de él; entonces cerré la puerta con seguro y él estaba tan enojado que con una mano quebró el vidrio de la puerta, la piel de su mano se abrió hacia los lados de su carne, había sangre por todos lados, luego quitó el seguro y abrió; de inmediato salí corriendo y me fui con él en su carro para hablar y curarlo, pero su tema de él era siempre: Quiero que me quieras, sin ti me muero dame lo que te estoy pidiendo, (prueba de amor) yo siempre me negaba; él terminaba a veces llorando pidiendo perdón por su propuesta. Una vez más le decía que me dejara en paz, que no quería estar con él ni de amigos, porque era muy problemático, menos novios o algo más.

Recuerdo la vez que *me violó:* Este día iba yo caminando en la calle con mis libros en los brazos, cuando él pasó en su carro y me hizo una seña, pero, como siempre, lo ignoré, luego presionó la trompeta del carro prolongadamente, después gritó mi nombre; yo empecé a caminar más rápido y más rápido, casi corriendo, entonces, él paró el carro atravesado en la calle, lo hizo a propósito para llamar la atención de toda la gente, porque de esa manera siempre me intimidaba; logró lo que quiso, se bajó, luego del pelo casi a rastras me subió al auto, y yo toda llena de vergüenza por lo que pasaba; Todavía no entiendo ¿Por qué las personas que miraban esto no se metieron a salvarme?, no sé que pensaban: ¿Si tenían miedo?, ¿Si pensaron que esto era correcto?, la verdad no lo sé. Pero creo que si yo viera algo así, llamaría a la policía, eso lo digo ahora de adulta, pero en aquel tiempo ni a la policía le tenía confianza. Tampoco les pedí ayuda a las personas que veían, era algo muy vergonzoso para mí. Bueno sí, la verdad le tenía miedo, porque ya me había enseñado su pistola un día presumiendo; ese día que me tomó a la fuerza, me llevó lejos de la cuidad; se salió de la carretera, y ahí en un lugar solitario me violó en el carro, satisfaciendo así sus instintos animales que ya traía en mente desde algún tiempo.

Es muy triste, no tener a nadie a su lado que le crea cuando se es joven, solamente las miradas acusadoras de todos como diciendo (pecadora indecente), de esa violación salí embaraza. Mi novio inmediatamente quiso que abortara, pero no acepté, yo sentía amar al bebe en mi vientre, mi mamá también me lo dijo, pero eso no era lo que yo deseaba; así que decidí tenerlo. Luego mi mamá habló con mi novio y no sé porqué, pero mi novio aceptó casare conmigo, así nos casamos solamente por el civil.

Después mi mamá se fue a vivir un tiempo con mi hermana lejos de donde vivía yo y me dejó con mi esposo en su casa. Ahí viví los peores meses de mi vida con ese hombre; que llegaba todos los días en la madrugada, queriendo sexo y como no se lo quería dar, él lo tomaba a la fuerza, primero, me daba una golpiza luego lo tomaba, era para mí una pesadilla que no terminaba. Hay mucho de qué hablar sobre esta relación de la cual tuve que salir huyendo del país, porque sentía que nadie me creía, ni las autoridades, yo le tenía mucho miedo a este hombre tanto que nunca más quise saber de él, me desaparecí para no volver a verlo jamás.

Cuando me case con mi esposo actual, ya tenía una niña de un año, sin divorciarme de mi primer esposo, puesto que nunca más lo iba a ver, me case mintiendo que nunca había sido casada antes; a estas alturas ni siguiera había registrado a mi niña; en el hospital me preguntaron el nombre del padre y les dije que no sabía; por esa razón pusieron en el papel que dan en el hospital, (padre desconocido) porque no quería que llevara el nombre de su padre, a quien le tenía temor. Tenía miedo que me encontrara algún día y se terminara llevando la niña; así que mi esposo actual, la registró como hija suya. Mi niña creció pensando que su verdadero padre era el padre de todos sus hermanitos. Aunque ella era muy alta y su padre actual muy chaparro, ni así se daba cuenta, porque su acta de nacimiento estaba hecha legalmente registrada por él como padre legítimo. Tenía 18 años cuando se lo confesé, fue un golpe muy duro para ella, pero ama a mi esposo como padre verdadero, de hecho ella se lleva mejor con él como hija que conmigo, para ella no ha habido otro padre más que él.

Mi vida ha sido de sufrimiento a sufrimiento, pero eso no es nada anormal, porque todas las personas sufrimos de una manera u otra, puede ser que usted amiga lectora, su vida haya sido mucho más dura que la mía, o tal vez ahora mismo esté sufriendo de alguna relación, abusiva, no lo sé, pero sí sé, que hay leyes, acuda a ellas, es mi concejo, no tenga temor la ley es la ley, enfrente lo que esté pasando con la frente en alto, porque el abuso, acaba con el autoestima trayendo en un futuro muchas más consecuencias. Hay quienes viven con una culpabilidad toda su vida y eso no les permite disfrutar ni siquiera del amor de su nueva pareja, seamos sabias, dejemos el pasado allá donde pertenece, en el pasado, dando así el paso a la felicidad.

Concejo: Amiga si has pasado por una violación, o un tipo de abuso, no te sientas mal, recuerda que tú no eres culpable, la persona que lo hizo, es la culpable, tú solamente eres la víctima, aunque los demás quieran verte como culpable, no creo que exista una razón que se pueda explicar sobre la violación, trata de borrar ese trauma de tu cabeza, aunque en estos momentos sientas que es imposible olvidar, te diré, sí se puede, pronto te sentirás relajada, recordando aquello como un mal sueño, recuerda que Dios te conforta, te da amor y comprensión, solamente deja que Dios lo haga, y antes de lo que tú crees, quedaras libre de esa experiencia horrible, porque yo pude ser libre de ese dolor, tú también lo serás, y muchas más mujeres, porque aunque parece que Dios las abandonó, no es así, Dios siempre nos ve en todo momento. Ni cuenta te das, pero Dios más de una vez ha secado tus lágrimas y seguirá contigo todos los días de tu vida. (es promesa de Dios).

Capítulo #3

Mi esposo borracho

Pues les diré yo como mujer normal, pues era feliz, de vez en cuando mi esposo y yo íbamos a bailar, eso le gustaba mucho a él, por mi parte siempre he sido romántica, para mis gustos siempre he escogido ir al cine, como mi esposo llevaba la fiesta en paz, pues nos poníamos de acuerdo y a veces íbamos a bailar y a veces al cine, el no tomaba siempre, solamente en aquellas ocasiones especiales, cumpleaños, fiestas, o alguna reunión con sus amigos, y reuniones familiares, como ustedes han de comprender que en las reuniones entre amigos o familia siempre surge el tomar vino, tequila o simplemente unas cervezas ¿verdad?.

Aún recuerdo como tenía que cuidar a mi esposo después de una borrachera, a él le daba por reír y reír, también se ponía muy cariñoso, amoroso, había algo en su mirada, como que quería pedir perdón por el hecho de haberse tomado unas copas de más, como que me sonreía coquetamente, sonriendo para que yo no le dijera nada negativo o no me enojara, pero no me enojaba tanto porque no tomaba tan seguido, lo que sí me molestaba era tener que atenderlo cuando vomitaba, era asqueroso aquello apestaba horrible. Recuerdo una vez, después de estar conviviendo con mi familia, tomando puro tequila, esa vez, me asusté tanto, que pensé que mi esposo moriría esa noche, porque estaba cuidando de él en el baño cuando vomitaba y pude ver cómo de su boca salían como pedazos de hígado con mucha sangre, aquello era como una película de terror, sangre por todos lados, por más que pensaba no recordaba que hayamos comido en esa ocasión sandía o algo rojo de esa magnitud, por lo tanto, llegué a la conclusión que aquello era sangre, recuerdo que salimos de aquella casa los 2 muy asustados, yo esperaba que en cualquier momento muriera, pensaba yo: ¿Si eso no eran pedazos de hígado, entonces qué era aquello?, pero no le pasó nada a mi esposo, fue solamente el susto. Pero eso sí cada que se emborrachaba al día siguiente el cuarto olía horrible, y yo como era mujer y esposa, tenía que estar al tanto, llevando sus pastillas para el dolor de cabeza o su agua con hielo; al día siguiente. Limpiando también los vómitos apestosos en el cuarto.

¿Le parece eso a usted familiar, ha tenido usted un caso parecido al mío? si no, pues la felicito, usted no sabe de lo que le hablo, si lo ha tenido, pues usted me comprende más, a esto le llamo yo vida normal, de parejas normales, porque eso es lo que muchas parejas hoy en día viven, porque esa es la vida que se lleva cuando no se conoce la verdad de lo que es normal; tal vez usted piense eso a mí no me sucedería jamás, o tal vez crea usted que eso ya no sucede en las parejas, se sorprenderá de lo que realmente está pasando, pero las parejas conservan esto como un secreto, no quieren que sus amigos o familias se den cuenta de lo que viven, pero esto es poco, sé que hay cosas más severas que sufren las parejas, como el abuso de drogas, pero que no son capases de comentarle a nadie, por dos cosas, una por la vergüenza, otra porque creen que es normal y en ocasiones son amenazadas por su esposo, manipuladas, haciendo que se sientan esclavas de ellos, por lo tanto, tienen que obedecer en todo; en ocasiones hasta son abusadas sexualmente por sus propios esposos, porque cuando un hombre se emborracha le da por hacer diferentes cosas, al mío le daba por reír y reír, a otros por ponerse violentos y agredir a la esposa, otros por violar a su pareja, he escuchado casos de mujeres que se han atrevido hablar de que cada vez que su marido se emborracha era abusaba sexualmente, haciendo barbaridades, de esa manera termina la mujer con muy baja estima, sabiendo que a la realidad, para su esposo ella solamente es un instrumento sexual, o el costal de arena, para que su pareja descargue en ella todas sus frustraciones, pero amiga, eso no tiene que ser así, tú vales mucho, como mujer, como persona y como creación de Dios, lucha por tu vida, no te dejes abusar jamás; es necesario que no seas una mujer más del montón, de las que agachan la cabeza ante esta situación, ¡no! lo malo es que si la mujer no habla, el hombre seguirá pensando que él es el rey y la mujer la esclava. ¡no, no, no!

Concejo: Mujer, después de escuchar que no estás sola, que hay muchas, pero muchas mujeres pasando por lo mismo del abuso de sus parejas, es importante que te apuntes en la lista, de la mujeres valientes. De las mujeres, que han comprendido que pueden ser libres de la dependencia de la pareja, has la fuerza en tu ser, tú puedes, si millones han podido; si yo pude, millones más como tú podrán, luego gritarás a los cuatro vientos ¡soy libre!, tengo mi vida en mis manos, después de esto, verás el color del cielo, de las flores, podrás respirar aire fresco y tus pulmones te lo agradecerán, así como todo tu ser, porque tu cuerpo dejará de ser maltratado, al igual que tu alma se gozará cuando empieces a buscar del verdadero amor que es Dios, porque al tener tu vida libre podrás decir: *Dios, aquí está mi vida hecha pedazos, Dios, perdona todas mis pecados hazme nueva criatura, restaura, toma mi vida hoy y dirige mis pasos de hoy en adelante, en el nombre que es sobre todo nombre, en el nombre de Jesús.* Luego Dios, después de hacerte de nuevo, (porque él es amor), te pondrá a su tiempo, enfrente al hombre que te respete y ame, que te hará feliz el resto de tus días. Dios te puede dar a un hombre nuevo, a mi me lo cambió de malo a bueno, pero Dios trabaja de manera distinta con cada persona, solamente confía en Dios y el concederá los deceso de tu corazón. Después de un tiempo que vayas a una Iglesia Cristiana para aprender más del amor de Dios y comprendas sobre la obediencia a Dios y creas completamente en él, es necesario que des el paso de obediencia del bautismo en agua, al tiempo tuyo y de Dios. **No tardes mucho, Jesús te espera con los brazos abiertos.**

Capítulo #4

Dios y yo

Dios siempre ha sido Dios, yo era muy feliz viviendo esa vida que yo le llamo vida normal, donde uno dice conocer a Dios, pero la verdad es que ni siquiera tenemos una idea de lo que Dios es, porque nos han enseñado, presentado a un Dios de palabras, pero a mí por ejemplo, no me enseñaron a leer la Biblia porque mi familia tampoco la sabia leer, es más ni siquiera tenían una en casa, ¿Cómo puede una persona enseñar lo que no sabe?, ¿Imposible verdad?, bueno pues ese fue mi caso, tal vez a usted si le han mostrado la Palabra de Dios a temprana edad, a mí no, en mis tiempos nadie de mi familia tenía una Biblia en casa, solamente hice mi primera comunión muy chica, me aprendí los rezos necesarios para la primera comunión de memoria, iba a *misa todos los domingos,* a las *bodas,* quinceañeras, *bautismos, funerales,* escuchaba el sermón del sacerdote como todos los demás, esperando el momento que se termine, para irme a casa y decir que ya cumplí, o si era tiempo de fiesta, como bautismos bodas u otras celebraciones, me quedaba un poco más, porque de ahí nos íbamos a la casa donde iba a ser la fiesta. En la fiesta habías siempre bebidas alcohólicas y cosas desagradables que a Dios no le agradan, si era una boda: Todos brindaban de felicidad, todo aquello terminaba en desastre de borrachos y a veces hasta había balazos, pero ese era el tipo de vida que yo llevaba, tal vez usted no lleva ese tipo de vida.

Quinceañeras: Exactamente lo mismo, por la felicidad de la muchacha, empiezan a tomar y bailar, pero al final de la fiesta más de uno se enferma por tomar de más, o terminaban en pleitos.

Bautismos: Lo triste es que en algunas ocasiones hasta el padrecito de ahí del pueblo asistía a la fiesta, y parecía no importarle a él nada sobre las borracheras, de todo aquel fiel que en unas horas estuvo ahí en su Iglesia, y ahora enfiestado con las bebidas, parecía que para todos era algo normal aquello, de igual manera, terminaban los compadres al último abrazados bien borrachos y con las esposas enojadas y hasta peleadas, por que el marido prometió esta vez no pasarse de bebidas; hubo veces en que el compadre terminaba golpeando ahí delante de todos a la comadre, o al llegar a su casa. Lo que escribo es porque lo vi, más de una ocasión.

Funerales: Tristemente también ahí están las bebidas alcohólicas, porque dicen que el vino es bueno para mitigar el dolor; ciertamente que un trago, hace bien, pero ellos piensan que 2 tragos es mejor ahora que 3 o 4 pues mucho mejor y así sucesivamente; el punto medio que quiero aquí enfatizar es que siempre hay una excusa para emborrachare y que se utiliza también las cosas enlazadas con Dios para hacerlo.

Tal vez su familia es más recatada no se emborracha después de una fiesta religiosa, pero la mía sí, pocas veces me fijaba lo que decía el sacerdote, pero igual no escuchaba a nadie arrepentido o diciendo que dijo alguna verdad, tampoco veía a alguien arrepintiendo de lo que hacía en su diario vivir, para mí era una simple rutina religiosa.

A nadie le importaba mi vida, mi vida espiritual, aun así yo era de las personas que siempre buscaba la comunicación con Dios, me gustaba mirar el Cielo azul y decía: Que grande y misterioso es Dios; de hecho dije algún día en mi vida, que me gustaría haber sido monja, para poder servir a Dios más de cerca, gracias a Dios que me cuidó, no me fui de monja, porque mi familia nunca me tomó en cuenta, cuando lo dije, pensaron que no lo decía en serio, pero la verdad sí sentía el gran deseo de servir a Dios; ahora que tengo mis hijos digo: Realmente yo no tenía vocación de monja, me gustaba confesarme con el cura, porque después de hacerlo me sentía limpia, qué ignorancia la mía, porque al final de cuentas, terminaba siempre haciendo lo mismo, una y otra vez, pero no era mi culpa, todos los conocidos hacían lo mismo, aquello solamente era una costumbre o religión, pero no tenía nada que ver con la doctrina del verdadero Dios; "lo que el hombre aprende eso enseña." El concejo que doy por experiencia es esto: Hablando más de *amiga a amiga,* es ponerte de rodillas y pedir perdón primeramente a Dios por lo que le has ofendido, después de sentir su perdón en todo tu ser, es muy importante que tú te perdones por tus acciones vergonzosas, que tú más que nadie, aparte de Dios lo sabe, porque de nada sirve que Dios te perdone si tú no te has podido perdonar a ti misma, el perdonarte a ti misma trae un gran refrigerio en tu vida, te sientes nueva, renovada, con la cabeza en alto, porque recuerda amiga tú vales mucho, piensa que Jesús dio su vida allá donde el murió solamente por amor a ti, eso significa que tu valor es tanto que fuiste comprada a un precio muy alto, a **precio de sangre** y no cualquier sangre, sino una sangre pura, la sangre de nuestro Señor Jesús, el Cristo de la gloria, luego pide a Dios que entre en tú vida que tú lo recibas como **tú Señor y Salvador**, El siempre te espera con los brazos abiertos, pero El nunca entra a tu corazón sin permiso tuyo, El dice: *Yo estoy a la puerta y llamo,* o sea que lo único que tienes que hacer es abrir la puerta de tu corazón y decir: Ven Señor Jesús, entra a mi corazón, (El toca, tú abres) al hacer esto y al considerarte hija de Dios, siempre toma en cuenta que él estará contigo, en las buenas y en las malas, después le pides por tus necesidades que son muchas por su puesto, luego llena de fe, te levantas dando gracias, por lo que has pedido, ya que será dado a ti a su debido tiempo, estarás ya lista para la guerra, para lo que venga.

Porque la vida es dura sin Dios, También lo es con Dios, porque tenemos que enfrentar los problemas, las injusticias de este mundo malo, pero ahora con Dios, no lo haremos solas, porque tendremos un aliado a nuestro favor, un abogado fiel, un amigo verdadero, Un Padre eterno, Un esposo amado, al creador del amor, al Rey de Reyes, a DIOS. Que es nuestro Señor Jesucristo.

Para poder obtener victoria, es necesario tener guerra, la vida del cristiano va de victoria tras victoria, de triunfo en triunfo.

Capítulo #5

Fe

F*e:* Confianza, seguridad, buen concepto que se tiene de una persona o cosa. La certeza de lo que se espera, la convicción de lo que no se ve. **La palabra Fe:** Significa algo que no puedes ver pero crees con todo tu corazón que está ahí (es la esencia de lo que se cree, pero no se ve).

> *Hebreos 11: 1 al 3 dice: (Es, pues, la fe la certeza de lo que se espera, la convicción de lo que no se ve. Porque por ella alcanzaron buen testimonio los antiguos. Por la fe entendemos haber sido constituido el universo por la palabra de Dios, de modo que lo que se ve fue hecho de lo que no se veía).*

Ejemplos: Que yo tenga en la idea, el construir una casa o un edificio, por fe, le explico al ingeniero, como quiero mi casa o edificio, creo por fe, en los estudios que tuvieron los trabajadores, que tendré mi casa o edificio, como yo lo estoy pensando o pidiendo, y así será.

Puedo imaginarme un padre de familia que vive lejos de los suyos, diciendo a su hijo (a) estaré contigo en Navidad, y el hijo(a) con todo su corazón da por hecho que su padre estará en Navidad en casa tal como el padre lo dice, eso mi amiga, es fe. También podemos aplicar esto con nuestro Padre Celestial, cuando dice Jesús en la Santa Palabra: Todo lo que pidas al padre en mi nombre os lo concederé. Si confiamos en lo que Jesús dice, entonces, eso es fe. Para el que cree todo lo es posible, porque *sin fe es imposible agradar a Dios,* o sea que es necesario creer en Dios, que El es el Creador y dador de la fe. *Hebreos 11:6*

Un día me compre una Biblia grandísima con muchas fotos, empecé a leerla porque como ya dije antes a mí las cosas de Dios me llamaban mucho la atención, lo curioso es que la leía todas las noches antes de acostarme, pero no le entendía, sentía que era un libro de historias raras, con nombre raros, pero hasta ahí; Aunque yo sentía que tenía que haber algo más que unas historias con nombres raros, seguía leyendo cada vez más, pero no, siempre terminaba cansada y sin entender, había noches que me dormía con la Biblia abierta encima de mí, esto me hacía sentir protegida del diablo según yo; ¿Esto era fe? sí, esto era fe, tonta pero fe, usted puede tener fe de que algún día va a visitar cierto país, si su fe es tan grande, ya lo puede dar por hecho, hasta prepara las cosas para el viaje, le diré tarde que temprano usted visitara ese país ¿Por qué?, porque la fe es la certeza de lo que se espera, la fe es un misterioso, fenómeno interno que tenemos, pero recuerde la fe sin obras es muerta, usted visitará ese país por lo tanto se prepara y con la preparación usted ya está activando la fe, ¿me entiende? *Santiago 2:14 al 17* dice:

> *(Hermanos míos, ¿de que aprovechará si alguno dice que tiene fe, y no tiene obras? ¿Podrá la fe salvarle?. Y si un hermano o una hermana están desnudos y tienen la necesidad del mantenimiento de cada día, y alguno de vosotros les dice: Id en paz, calentaos y saciaos, pero no les dais las cosas que son necesarias para el cuerpo, ¿de qué aprovecha?. Así también la fe, si no tiene obras es muerta en sí misma).*

¿Cómo puede una persona decir tener fe y estar esperando morir y ser salvo, sabiendo desde pequeño los 10 mandamientos de memoria, y si ella sigue viviendo lo contrario de lo que se aprendió, violando esa ley?; aunque como nos enseñaron los mandamientos de Dios, son incorrectos aun así, ni se preocupan por entenderlos, pero eso sí, dicen tener fe de ser salvos, (equivocación). Si sabes hacer lo bueno y no lo haces, eso mi amiga, es pecado. Amiga si de verdad le gustaría saber los 10 mandamientos verdaderos están en la Biblia, en el libro de *Éxodo:20*. Otro ejemplo *de la fe activada* sería:

Cuando usted está llegando a una casa de noche y sabe que aunque sea de noche esa casa será iluminada cuando llegue, porque tiene la seguridad de que hay electricidad en la casa, pero al entrar usted, está todo negro, puede usted caminar por toda la casa, tropezando en todo, pero, mientras usted no busca el encendedor de la luz y activa, la luz no prende, (aunque ore, haga berrinche o llore diciendo por fe prenderá la luz; no prenderá, hasta que usted la active, ¿Cómo? con el movimiento de un dedo) así mismo es necesario cultivar su fe, para que sea real; si no activa la luz usted estará en un lugar negro y obscuro, una vez que usted prenda la luz, la obscuridad desaparece, su fe fue cumplida. No olvide que el cumplimiento de la fe es a corto o a largo plazo, ahí tendría que entrar en su vida a trabajar la paciencia, pero no se preocupe que la paciencia es necesaria para el crecimiento del cristiano.

Si usted por ahí algún día le toca mirar a un cristiano desesperado, es porque esta persona todavía no ha crecido espiritualmente. Ojalá y algún día tenga el privilegio de ver morir a un cristiano verdadero, ahí usted se dará cuenta que el verdadero cristiano está lleno de fe, de un día irse de este mundo para reuniese con su Creador y Padre Dios, por lo tanto, su rostro antes de morir seria calmado lleno de paz, mientras que los que no tienen la seguridad de a dónde irán después de la muerte, dejan en su rostro una impresión diferente, o cuando están muriendo gritan o dicen que ven demonios. Contaba mi madre que cuando mi abuelo el padre de mi papá murió, antes de morir, decía muchas incoherencias, parecía que peleaba con alguien, diciendo, aléjense de mí, déjenme en paz hijos de @#$%, bueno no les puedo escribir las palabras que decía, pero según mi madre, su suegro tuvo una muerte muy fea; según los que han estudiado precisamente, esto que estoy diciendo, las diferencias sobre las personas cuando mueren, han notado que el cristiano *con fe fuerte en Dios,* tiene una muerte tranquila, lo contrario de lo demás. Tenemos que tener cuidado sobre en qué enfocar nuestra fe, porque hay fe que nos lleva a la perdición, podemos decir que existe la fe mala y la fe buena, tenemos por ejemplo la fe que tienen los que viven en las cosas de esta vida sin acercare a Dios, llegan a tener fe solamente en si mismos o en el dinero; no tienen dinero y sienten que el mundo se les viene encima, estas personas han llegado a su propia conclusión que el dinero lo compra todo, caminan con su frente en alto, pensando porque tengo dinero lo puedo todo, llega el momento de la desilusión, cuando a pesar de tener mucho dinero se dan cuenta que la vida no se compra con dinero, que la salud se termina, la juventud se acaba, pero lo que es más duro para los que han puesto *la fe en el dinero,* es que el dinero se acabe, cuando por cosas del destino, el dinero se acaba, es tanto su inseguridad, que deciden muchos de ellos en quitarse la vida; más de una vez a sucedido que afuera de un casino de vicio, se han encontrado a personas que se quitan la vida, al perder todo lo que han ganado en su vida, en una noche de mala suerte. ¿En qué has puesto tú, tu fe? o ¿En quién has puesto tu fe?

La fe en el hombre: Esta fe es una de las más peligrosas, porque el hombre la mayoría de las veces tiende a fallar, por su naturaleza humana, y nosotros también, tendemos a caer, después que la persona en quien hemos puesto nuestra fe nos defrauda, por nuestra ignorancia, por creer en el hombre.

El Profeta Jeremías en el cap.17:5 al 6 dice: Así a dicho Jehová: Maldito el varón que confía en el hombre, y su corazón se aparta de Jehová. Será como la retama en el desierto, y no vera cuando viene el bien, sino que morirá en las sequedades en el desierto, en tierra despoblada y deshabitada. Bendito el varón que confía en Jehová, y cuya confianza es Jehová. Porque será como el árbol plantado junto a las aguas, que junto a la corriente echará sus raíces y no verá cuando viene el calor, si no que su hoja estará verde; y en el año de sequía no se fatigará, ni dejará de dar fruto. **Pon tu fe en Dios.**

Conforme a lo que nos dice el Profeta Jeremías que le dijo Dios, ahí claramente nos da a entender que cuando el hombre pone su fe, su confianza, su creencia en el hombre, el tal fracasará, perecerá. Mientras que el hombre que pone su fe en Dios será un hombre que aunque vengan los tiempos difíciles, sabrá sobrellevar los tiempos, porque en quien él ha confiado es Dios. **Dios es el único perfecto.**

Cuando iban a matar a Jesús, Pedro uno de sus discípulos, trato de convencer a Jesús que se retractara, para que no fuera muerto, pero como era necesario que Jesús padeciera, Jesús le contesto a Pedro: *¡Quítate de delante de mí, Satanás! me eres tropiezo, porque no pones la mira en las cosas de Dios, sino en las de los hombres).*

En la carta que el Apóstol Pablo envía a los *Colosenses en el cap. 3:2 dice: Poned la mira en las cosa de arriba, no en las de la tierra.*

Poner la mira: significa, poner la mirada, o poner *nuestra fe* en una cosa o una persona. También una mira, es la marca que tiene un rifle, para disparar exactamente donde uno quiere disparar, si se pone la mira del rifle correctamente, se dispara al blanco.

Si ponemos nuestra mira correctamente en Jesús, nuestra fe estará exactamente y únicamente en Jesús.

He platicado con personas que pusieron su fe en el sacerdote de su parroquia, después de que movieron al sacerdote de su parroquia a otra, por violar niños, ellos ya no creen en Dios; pero qué ignorancia, una cosa es Dios y otra el sacerdote; **Dios es Dios**, el sacerdote es hombre. De igual manera personas que dejan de ir a la iglesia por completo, cuando su pastor en quien han puesto su fe, se divorcia y se casa con otra mujer; que ignorancia, si la fe se debe de poner en Dios, no en el hombre. **Solamente Dios es fiel.**

En el libro de *Hebreos 12:2 dice: (Puestos los ojos en Jesús, el autor y consumador de la fe, el cual por gozo puesto delante de el sufrió la cruz, menospreciando el oprobio, y se sentó a la diestra del trono de Dios).*

Sin pensarlo mucho, tenemos que poner nuestra *fe en Jesús* quien es el autor de la *verdadera fe.*

Tenga cuidado, porque muchos confunden la fe con el ser flojo, esperando ser mantenidas de Dios, sin trabajar, y todavía si se le pregunta y tú ¿En qué trabajas? el muy sinvergüenza contesta, no trabajo porque vivo de fe; como puede una persona que no trabaja decir vivir de fe, si la palabra de Dios dice: el que no trabaja que no coma; vea lo que dice Pablo en *2da. de Tesalonicenses 3:10 dice: Porque también cuando estábamos con vosotros, os ordenábamos esto: Si alguno no quiere trabajar, tampoco coma.*

Si se busca y busca trabajo, con ganas de encontrar, y no lo encuentra, eso es diferente, porque sí quiere trabajar. **La fe buena y verdadera es en Dios.**

Capítulo #6

Dándome a conocer

Quiero que sepan queridas amigas que en el tiempo en que mi esposo y yo vivíamos ese tipo de vida, así éramos felices con nuestros 3 hijos, el único y pequeño problema era que mi esposo es Mexicano, bueno yo también, pero el hecho de que él es mexicano, muchos pueden imaginase que los mexicanos son machistas, así se les llama a los hombres que siempre quieren que la mujer haga las cosas a la manera que él quiere, sin importarle lo que la mujer piense, tal vez usted está casada con un mexicano y el no es así; bueno pues, en mi caso él sí era machista, cuando él salía por ahí de parranda con sus amigos, no importaba la hora que llegare, a esa hora él quería que me levantara para cocinar especialmente para él, sin importar si yo estaba cansada del trabajo o de cuidar los niños, lo importante sería el que yo le obedeciere y él comer, porque él era el hombre y tenía yo que obedecer, por ser mujer, calmada sin hacer gran escándalo, lo único que él hacía era arrugar la ceja y con eso yo sabía que estaba enojado y pues obedecía o obedecía, si no, me arrastraba de la cama hacia la cocina del pelo, pero no crean ustedes que yo era tan seda como él quería que fuese yo, si no que, me ponía en rebeldía con él. Recuerdo que una vez llegó y me dijo: Levántate y sírveme de comer, así con su ceja toda arrugada, y yo le contesté: Ya está la comida hecha sírvete tu sólo, si quieres comer, yo no me levanto;

entonces él me trató de llevar a la cocina del pelo, pero yo forcejé tanto que en la arrastrada antes de sacarme del cuarto alcancé a tomar un zapato con un tacón picudo y alto; le pegué en la cabeza, cuando por fin logró arrastrarme hacía la cocina; me di cuenta que toda su cara estaba bañada en sangre, entonces quise llamar a la ambulancia para que viniera y me ayudara, pero él me detuvo diciendo: No lo hagas, si lo haces te llevaran presa y yo no quiero que eso suceda, entonces pues no me dejo él llamar por ayuda, luego él dijo: Mejor me voy de la casa y te dejo; él empezó a caminar por la calle, solamente de payaso, porque ni siquiera llevaba maleta ni ropa absolutamente nada, yo lo seguía diciendo: Por favor no te vayas no me dejes, perdona lo que te hice, y él caminaba y caminaba por la calle mientras yo lo seguía, hasta que por fin lo convencí y volvió a la casa; luego le di de comer como él quería y tuvimos una reconciliación muy bonita; a esto le llamaba yo en aquel tiempo amor apache, no sé usted como le llamaría, (a golpe y golpe, y a beso y beso).

En otra ocasión llegó borracho y me ordenó algo que hacer, inmediatamente le contesté muy agresiva, ¡hazlo tú! de inmediato volteó a verme con aquella famosa ceja arrugada, para ese entonces ya estaba preparada para llevarle la contraria, empezamos a discutir, y nos jaloneamos el uno al otro, así empezaron a surgir los golpes de ambos lados, era tanta mi ira hacía él, que lo empecé a golpear según yo fuerte, aunque para ser sincera, una mujer no puede golpear a un hombre con la misma intensidad que el hombre a la mujer, pero aun así, yo insistía en lastimarlo, el único problema aquí fue que yo le daba un golpe y él me contestaba con uno doble, fue cuando me empecé a enfurecer cada vez más y traté de lastimarlo con una lámpara que encontré en la sala, pero él, al ver el coraje en mi rostro, para ya no lastimarme más se encerró en el cuarto, mientras yo iba tras el gritando: Eres un cobarde sal de ahí y enfrenta como hombre que te romperé todos los huesos, sal cobarde que tumbare la puerta, pero por más que golpeaba la puerta, no se caía, sentía que la cabeza me explotaría en aquellos momentos, mi corazón latía en una forma inexplicablemente rápido, sentía una corriente rarísima en todo mi cuerpo, pero mi esposo no salía, al paso de los minutos volví a la normalidad, y en cuestión de una hora ya nos estábamos abrazando y besando.

A estas alturas de la vida, tristemente guardaba en mi corazón cierto rencor hacía mi pareja por la manera que me trataba cuando había gente o amigos presentes. Antes de casarme yo era una muchacha que me gustaba mucho la comunicación, no hablando del chisme, por supuesto que no, si no que a pesar de ser callada e introvertida, cuando tomaba confianza con alguien, empezaba a opinar en gran manera, con amplitud del tema, luego mis amigos me comentaban que yo estaba buena para estudiar la carrera de licenciatura (de abogado), porque siempre estaba al lado de la justicia y defendía a quien fuere necesario defender, siempre y cuando fuese justo; me gustaba contar chistes y de cualquier cosa encontraba la salida para formar algún chiste, todo parecía bien en los tiempos de la juventud, lo que pasa que cuando uno se casa, pues es necesario que venga aquella madurez, al hablar, al conversar, incluso hasta al opinar, ya no es igual, a los tiempos en que a todo se le encontraba chiste y en las reuniones de amigos era puro reír y divertir.

En la vida de casada, en las reuniones cuando yo opinaba algo sobre el tema, mi esposo me miraba con aquella ceja arrugada y me hacía callar con la mirada, ahora que si me hacia la desentendida o que no lo miraba, cuando llegaba a la casa, ahí me regañaba como quien regaña a su hija rebelde, haciendo que me sintiera una irresponsable, que no se sabe expresar; a veces por noches enteras no dormía, solo lloraba y pensaba: ¿Qué es lo que hago mal?, ¿por qué no puedo sentirme feliz?, este hombre que se cree perfecto me ofende mucho y me trata como una niña, ¿qué hago?, meditaba palabra por palabra de los errores cometidos para cambiar; fue así, que llegué a callar en las reuniones de familia o de amigos; ahora, cuando supuestamente ya me sabía comportar y si de casualidad se me salía algún comentario de lo que se comentaba, inmediatamente volteaba a ver a mi esposo, como pidiendo perdón por abrir la boca, porque según él cada que yo abría la boca era para decir incoherencias. El tiempo fue pasando y por supuesto yo me iba cada vez más educando formando al molde de mi esposo, pero dentro de mí vivía frustrada, amargada, por no tener derecho a la expresión, aunque dentro del hogar yo llevaba el control de cómo limpiar, cómo decorar, los muebles y hasta el comprar ciertas cosas de adornos en la casa; para eso no tenía problemas, también podía opinar o decir lo que quisiera de cualquier cosa y él a todo decía que sí, parecía que solamente en público no tenía yo el derecho a la expresión.

Ahora pues, en medio de la ignorancia, todavía decía a todos que era feliz, porque, ¿dígame usted, si existe el matrimonio perfecto?, ¡no existe! esa era mi opinión, por lo tanto pues lo sobre llevaba. El problema más grande sobre la comunicación surgió, fue cuando, empecé poco a poco a tomar confianza al paso de los años, al tratar de convivir con nuestros amigos, y al ver el que ya no me callaba como antes, entonces dio por decir estas palabras delante de todos: ¡Tú cállate déjame hablar! la primera vez, me dolió, pero, pensé que solamente sería ese día, no fue así, de ahí en adelante, me lo decía cada que él quería opinar y yo lo hacía antes que él, en ocasiones hasta decía mi nombre primero luego la palabra ¡cállate! eso para mí era muy vergonzoso, porque todos volteaban y me veían, así que decidí callar, claro lo más que podía, porque, mi pecho sentía explotar pero trataba de controlarme.

Todo lo de querer hablar primero que él, surgió así: Cuando mi esposo y yo nos casamos, el tenía un problema con el habla, él era muy tartamudo, bueno, tan tartamudo que para decir una palabra completa tardaba como 10 segundos, sus venas del cuello se dilataban por el esfuerzo que hacia al tratar de hablar, pronunciaba la primer sílaba como 5 o 6 veces antes de terminar la palabra, no quiero que se imaginen lo que duraría él en decir una oración completa o simplemente entablar una conversación con alguien; como yo me enamore de él mirando en lo profuso de sus ojos; resulta que poco a poco empecé a conocerlo, de tal manera que casi, adivinaba lo que él quería decir, por lo tanto, cuando salíamos en público, era para mí normal el tratar de hablar por él, para que mi esposo no quedara en ridículo o que no desesperara a los demás, tratando de hablar y no poder; hubo ocasiones que lo dejaba expresarse y después de terminar lo que él quería decir, las personas ahí presentes me miraban preguntando: ¿Que dijo?; entonces pues, les tenía que explicar lo que mi esposo trato de decir, hasta llegué a sentirme su traductora exclusiva a donde quiera que íbamos; por esa razón pues no lo podía juzgar mucho, porque yo pensaba que tal vez tenía él algún trauma.

Capítulo #7

Toma concejo

Querida amiga tú que lees este libro esperando encontrar un consuelo en tu vida, tal vez te sientas sola incomprendida por tu pareja, no te desanimes, toma un tiempo y piensa como solucionar con sabiduría de Dios este gran problema, yo lo pasé, pero en este tiempo todavía no conocía absolutamente nada de Dios, tampoco nuestros amigos, así que todos estaban prestos para criticar nuestra situación porque era obvio que él no me trataba muy bien que digamos, y, yo no era ninguna joya tampoco, por lo tanto, yo no pedía pedir concejo a mis amigas ni a mis familiares.

1 a mi familia no les podía abiertamente revelar lo que estaba pasando en mi matrimonio, porque se supone que eso es de dos y ellos siempre recibían de mí, lo positivo de mi esposo.

2 a mis amigas, cómo les podía pedir concejo si ellas tenían sus propios problemas con sus esposos borrachos e incomprensibles, así que daba vueltas en mi sala como león enjaulado, diciendo entre sí: ¿Qué Hago? luego me acordaba de Dios diciendo: oh Dios, ¿qué debo hacer? me siento tan poca cosa.

Amiga como ya te dije antes tú vales mucho, enfrenta tu situación con dignidad, si tu esposo te humilla de alguna manera o de otra, no te deprimas enfréntalo y dile: Mira mi amor yo te amo, pero eso no te da el derecho a maltratarme ni a humillarme porque también soy un ser humano como tú y me merezco respeto, hay quienes no se enfrentan a sus maridos porque les tienen miedo, no debemos de tenerles miedo, tampoco faltarles el respeto a ellos, eso nunca, pero sí que sepan que no somos un mueble que patea o una silla que usan para sentarse a comer, somos seres pensantes y como tales nos tienen que respetar, así como nosotras cuidamos de ellos, ellos también cuiden de nosotras, preparen el momento apropiado y empiecen la conversación, siempre con la frente en alto, sin faltarle el respeto, porque la comunicación es la llave del éxito en un matrimonio; que sepa el que tú también tienes sentimientos y decisiones, que aparte de cocinar, limpiar la casa, cuidar los niños, hacer el amor, también eres un ser pensante que lo ama y lo respeta y que a cambio de esto usted también se merece respeto; dicen por ahí que: "El que no toma concejo no llega a viejo".

Hoy en día los matrimonios duran muy poco, porque cada uno piensa que tiene la razón, y terminan separando, por falta del diálogo. Muchos confunden el diálogo con la discusión, o pleitos, pero no es así, el dialogo es platicar lo que le molesta a ella de él y llegar a una conclusión entre los 2 o también lo que le molesta a él de ella, de esa manera mutuamente se confiesan, descubriendo así el uno del otro sus debilidades en que están fallando; de otra manera, ella piensa que él piensa de ella, lo que ella piensa que él piensa de ella, donde que no es así, la mayoría de las parejas fracasan por eso, haga una prueba y esta noche cuando todos duermen, cuando se siente esa paz por toda la casa, empiece la conversación suave con su esposo o esposa, lo que usted piensa que su pareja piensa de usted, aquello que le ha molestado por mucho tiempo, pero que por temor no se había atrevido a preguntar, hágalo esta noche, verá usted la gran sorpresa que se llevara cuando descubra, que usted está equivocado o equivocada sobre lo que su pareja piensa de usted, porque como humanos tendemos a formar ideas erróneas sobre nuestro compañero hacía nosotros, pero si conversamos de vez en cuando con nuestro compañero, podremos aclarar ciertas dudas que tenemos en muestra mente, antes que dejen de ser dudas y los hagamos como si fuera un hecho; mandando esto a nuestro corazón, porque después de ahí viene el desengaño sobre nuestra pareja y la amargura, y lo más triste del caso, es que ha veces nuestra pareja ni se da por enterado lo que nosotros sufrimos por dentro, uno de esos ejemplos dirán: Mi esposo(a) ya no me quiere, de seguro que ya anda con otra(o), mi esposo(a) piensa que estoy muy gorda (o), mi esposo (a)ya no me dice cariños, mi esposo(a) ya se enfadó de mí, mi esposo(a) finge que me ama, mi esposo(a) desea las modelos de cuerpo perfecto que yo no tengo, cuando está callado y pensativo, de seguro está pensando en otra, ¡no, no, no!, mi amiga cuando lo vea así puede ser que esté triste, cansado y él necesita de usted, acérquese a él y ofrezca a su pareja algo que le refresque su gran día de trabajo, si está haciendo frío pues algo caliente, que él vea que tiene en casa alguien que se preocupa por él, y verá usted la gran recompensa de sonrisa que recibirá, ya deje de pensar cosas negativas de su pareja y con sabiduría de Dios empiece a usar el diálogo.

Ejemplo: Un día, tuve un problema con la persona que nos rentaba un cuarto para vivir, mientras mi esposo trabajaba. Como a mi esposo yo lo consideraba muy corajudo, me asusté, así que empecé a empacar mis cosas porque dije entre mí: Mi esposo estima mucho a la señora de esta casa, por lo tanto, ni siquiera escuchará lo que yo tenga de decir, de lo que sucedió, lo mejor será irme, antes que él mismo me corra y eso me va a doler más, ya imaginaba su ceja arrugada y gritando, así que como yo ya había pensado por adelantado lo que supuestamente mi esposo pensaría de mí y de la situación, pues empaqué; ya había terminado de empacar cuando llegó, yo sentía frío y caliente en mi cara, o no que pasara, pero él tenía una sonrisa increíble en su rostro y sin que yo dijera nada, se dirigió a mí diciendo: Mira que sorpresa tienes todo empacado y yo vengo contento porque ahora mismo nos vamos a un apartamento que acabo de rentar, nos abrazamos y cuando le conté lo sucedido, me dijo: No te preocupes mi amor, Dios tiene todo en control y estoy muy feliz y nada me quitará esta felicidad el día de hoy ni siquiera lo que pasó, porque Dios nos da hoy un apartamento; mi esposo muy respetuoso, salió del cuarto, a buscar a la dueña de la casa para decirle que esa misma noche nos íbamos a nuestro apartamento, porque el ya traía la llave con él, la dueña de la casa se portó amable con él como si no hubiera tenido ningún problema conmigo; ¡ay! ¡ay! ¡ay qué cosas! y yo que le tenía pavor a la señora, ella, tranquila, porque cuando él estaba en casa era buenísima, parecía que el problema era conmigo, pero bueno, las cosas así son, cuando la libertad llega, tenemos que disfrutarla.

Espero mi amiga que haya entendido completamente lo que quise explicarle en este capítulo ya que es importante no pensar por los demás dejemos que cada quién piense a su manera y nosotros en la nuestra y compartir, para mantener un matrimonio unido. No le pase lo que a mí, que por poco desaparezco y dejo a mi esposo sin dejar rastro, pensando que la reacción de mi esposo iba a ser violenta. Aunque sé que existen por ahí todavía las mujeres que le temen tanto a su esposo, que prefieren vivir una vida de esclavitud, callada, porque sienten que si habla su punto de vista, es agredida por su esposo o pareja, es tiempo mi amiga, mi hermana, que se de cuanta que usted vale mucho, mucho más de lo que su esposo le ha dado a entender que vale; si él no la da a valer usted hágase valer a sí misma.

Lo mismo está pasando hoy en día con la juventud, que se queja de que sus padres no los comprende, ¿Cómo va a saber la madre o el padre lo que el joven piensa?, si no conversa con ellos, el joven cree que todo la sabe, en medio de su ignorancia piensa que como el todo lo sabe su mamá también debería de saberlo, pero la verdad es que los padres sabemos muy poco de nuestros hijos, porque ellos no son abiertos y sinceros con nosotros. Si pudiera yo hacer entender algún joven que lee este libro, que las madres estamos prestas para escuchar, que las madres somos las personas indicadas para comprende por donde están pasando, hay, si pudiera meterme en lo más intimo de su entendimiento y me comprendieran lo que quiero decir, Dios así lo quiera.

Joven, cuando platiques con tu mamá y ella no te ponga mucha atención, porque esté pensando en otro asunto, yo te aconsejo que, insistas de nuevo y de nuevo y de nuevo, todas las veces que sean necesarias, hasta que llegue el momento que puedas penetrar en su vida, porque a veces tu madre se envuelve en sus asuntos y no pone la atención necesaria a ti, pero si es posible habla un poco fuete ¡Mamá ¿Qué tengo que hacer para que me escuches? necesito hablar contigo! tratando de no gritar, solamente llamar la atención. **Esto funcionará.**

Capítulo #8

No tengan miedo

No se turbe vuestro corazón ni tenga miedo, esto es para toda mujer que se casó y se ha dedicado solamente al hogar, va para ti un llamado especial de parte mía.

Si sientes que puedes hacer algo para ti misma que no tenga que ver con tu familia al rededor, como el estudiar una pequeña carrera, habla con tu esposo de seguro el te apoyara, si no te da puertas avientas para estudiar, pues trata de estudiar algo en la computadora, en la comodidad de tu casa, porque al pasar el tiempo vas a necesitar lo que aprendiste de joven, estamos viviendo tiempos difíciles, donde el estudio cada día es primordial, para sobrevivir en la vida; En los tiempos de mis padres se usaba que la mujer solamente era para casarse y tener hijos, hoy vemos que la mujer es más inteligente de lo que se ha valorado a través de los tiempos, recuerden que todo lo que escribo tiene un poco de mí, lo que pasó en mi vida fue que, me casé muy joven, tuve hijos joven, no terminé mi carrera de secretaria, solamente me faltaron unos meses, porque la juventud no piensa más allá en el futuro, cuando piensa estar enamorada, pues eso me pasó a mí, luego cuando hubo problemas económicos empecé a trabajar en cualquier trabajo ganando el mínimo, y eso mis amigas que están leyendo, se puede mejorar si ustedes se levantan, se esfuerzan, se preocupan ahora en superarse, tal vez cuando llegue el tiempo del que les estoy hablando, esté preparada para reforzar a su pareja, ahora si todavía no tienen familia, puede ser más fácil, no es que me meta en lo que no me importa, quiero que este libro sea algo libre, algo que tenga un fruto positivo, si se dan cuenta no uso palabras sofisticadas, la verdad es que no las sé, por eso les hablo de la manera más simple, porque la mayoría de mis amigas lectoras me van a comprender más de esa manera, ahora que sí, yo sé que también hay lectoras con grandes estudios, ahí les ruego con todo respeto, me perdonen, esperando así mismo que mis experiencias vividas, les sean a ellas también de mucho provecho y bendición, ya que al escribir lo hago con todo el corazón.

Una cosa más, yo siempre he dicho que: "Lo que se hace en la juventud se refleja en la vejez, pero si ya pasaron algunos años y no estudio de joven, recuerde que mientras haya vida hay esperanza.

Lo siento mucho, por todas aquellas que sus esposos no las dejaron estudiar; cuando yo traté de estudiar en mi vida de casada, eran más las escenas de celos que vivía en casa que lo que aprendía, la felicidad día a día se desvanecía; recuerdo cuando estudiaba para bienes raíces, (venta de propiedades), también en ese mismo tiempo empecé a trabajar vendiendo casas en una compañía, había ocasiones que llegaba un cliente ya tarde, tenía que quedarme para llenar documentos en la oficina, pero cuando llegaba a casa, lo primero que encontraba era una ceja arrugada, con un silencio; también, todos los días que salía del colegio, bueno casi todos los días, lo encontraba callado con la ceja arrugada, antes de llegar a casa, sentía un vacío en el estómago, pensando: ¿De qué humor estará mi esposo ahora?, pero como dije, la mayoría del tiempo era negativo, sé que algunas de las que están leyendo en estos momentos saben a lo que me refiero, es horrible, tener que vivir una vida así, llena de sustos, sobre el modo de nuestra pareja, eso no se lo deseo a nadie; mejor me salí de estudiar, para calmar un poco sus celos, solamente me dediqué a trabajar, en la oficina, luego el también se empezó a involucrar en mi trabajo, de esa manera andábamos juntos la mayoría del tiempo, pero lo triste es que no me recibí en la escuela de lo que empecé a estudiar.

Como me gusta mucho escribir, escribo poemas, cantos y algunas cosas más por ahí, pero ustedes levanten el nombre de la mujer en alto y demuestren a su pareja que sí se pueden superar, miren a mí de ejemplo, nunca me dejó mi esposo superarme, pero ahora mismo estoy escribiendo un libro que me trae mucha satisfacción ya que sé que por medio de este libro, muchas mujeres frustradas se van a liberar de la soledad, impotencia y angustia. Tal vez el libro no sea famoso, pero que importa la fama, lo importante es que llegue a tus manos, lo demás Dios lo hace; mis victorias servirán para dar ánimo a la que se encuentra desanimada, mis derrotas, para que sepan que las derrotas existen, en todo el ser humano, pero que ahí, no se terminan las cosas, porque después de la derrota se pueden levantar con más fuerza, yo en momentos de gozo escribo, en momentos tristes escribo y a veces hasta llorando escribo, pero eso sí, siempre que escribo cantos me dirijo al que siempre me ha ayudado, al que siempre ha estado conmigo en todos los momentos de mi vida, al único que me comprende y no estoy hablando de mi esposo, no. Estoy hablando del Creador del cielo y de la a tierra, del que me amo primero que nadie, del que me amó desde antes de nacer, del que por amor dio su vida por mi cuando me vio perdida en mis delitos y pecados de... Dios.

Salmo 66: 1 al 13

1 Aclamad a Dios con alegría, toda la tierra.

2 Cantad la gloria de su nombre;

3 Poned gloria en su alabanza.

Decid a Dios; ¡Cuán asombrosas son tus obras!

Por la grandeza de tu poder se someterán a ti tus enemigos.

4 Toda la tierra te adorará, y cantará a ti;

cantarán a tu nombre.

5 Venid, y ved las obras de Dios,

Temible en hechos sobre los hijos de los hombres.

6 Volvió el mar en seco;

Allí en él nos alegramos.

7 Él señorea con poder para siempre;

Sus ojos atalayan sobre las naciones;
Los rebeldes no serán enaltecidos.
8 Bendecid, pueblos a nuestro Dios,
Y haced oír la voz de su alabanza.
9 Él es quien preservó la vida a nuestras almas..,
Y no permitió que nuestros pies resbalasen.
10 Porque tú nos probaste, oh Dios;
Nos ensayaste como se afina la plata.
11 Nos metiste en la red;
Pusiste sobre nuestros lomos carga pesada.
12 Hiciste cabalgar hombres sobre nuestra cabeza;
Pasamos por el fuego y por el agua,
Y nos sacaste a abundancia
13 Entraré en tu casa con holocaustos;
Te pagare mis votos,

Capítulo #9

Desafío

C uando mi esposo un día llegó a ser productor de música cristiana y que ya tenía sus propios compositores de letra, sus propios cantantes, le sugerí que mi hija pequeña podía grabar un CD. ya que tenía buena voz, me miró con asombro, porque una de mis hijas ya había hecho una grabación de niña, en un estudio pequeño; el dueño del estudio, le compuso los cantos y le hizo la grabación; pasó el tiempo y no sabíamos como reproducir el material, luego, cuando pudimos, mandamos el original con un hermano para que nos hiciera favor de reproducirlo; pasó el tiempo y el vino a decirnos que el producto de nuestra hija había sido robado del estudio, entonces nos desilusionamos; mi hija se puso triste, decidimos mandar hacer el CD. con una copia que teníamos en casa de los ensayos; el producto no salió bueno, pero lo hicimos porque nuestra hija ya había crecido, por lo tanto era imposible volver a hacerlo; después de esta experiencia que tuvimos; mi esposo me pregunto: ¿Quién compondría los cantos de niños?, yo le dije: Ya los tenemos la niña y yo, permite que hagamos el proyecto; después de cantarlos para que él los escuchara, una y otra vez lo convencimos, así que, se hizo el primer CD de mi hija NOEMI GARIBAY, titulado *Soy mariposa*, que hoy en día lo puede usted escuchar en el internet, o conseguir en su librería favorita. Los cantos son:

1.- *Soy mariposa.*

2.- Me *toca su presencia.*

3.- *Como búfalo.*

4.- *Yo tengo un héroe.*

5.- *Tenemos el mismo Dios.*

6.- *Recibe mi ofrenda.*

7.- *Soy pequeña.*

8.- El tren de la vida (este no fue compuesto por mi).

9.- *Mi decisión.*

10.-Te has quedado (por *mi hija Noemí* y yo).

Al final del libro les proporcionaré la letra, este CD viene con todo y pistas (música sola y también cantado.) para que sus pequeños la canten y se sientan especiales.

Después de ver mi esposo que el CD. de NOEMI GARIBAY, su hija era un éxito; surgió un problemita con el que le componía la letra a un cantante, que mi esposo representaba, yo veía a mi esposo nervioso porque ya tenía que salir el proyecto de este cantante, pero no teníamos los cantos líricos, luego le sugerí que porque no usábamos unos de los que yo tenía por ahí escritos, él me contestó: Que no era tan fácil, que este cantante era conocido, por lo tanto mis cantos no servirían, lo traté de convencer, me dijo que mis cantos eran para niños, que no funcionaría; le sugerí que le daría unos 15 cantos escritos al cantante, para que él con el piano valorara si servían; así fue como le hice; él cantante a la semana me habló por teléfono, se escuchaba contento, porque los cantos eran buenos; fue así como esos cantos fueron grabados. Para mí fue una gran sorpresa me imagino que para mi esposo más, la verdad que estaba muy nervioso, pero no tenía otra opción que aceptar y esperar la respuesta del público; también sentía que era una manera para mí de expresar mis sentimientos; pero lo más natural que las personas que habían escuchado a este cantante, inmediatamente se dieron cuenta del cambio; al principio todo fue negativo, los productores de música, empezaron a criticar que el material no iba a funcionar, me puse nerviosa, me daba vergüenza, me sentía derrotada y le pedí a Dios que me diera fuerza para lo que viniera, pero conforme fue pasando el tiempo, poco a poco empezaron las llamadas positivas ¡hay que alivio! mi esposo también se relajó un poco.

Qué difícil es empezar algo nuevo en tu vida, pero que bonito es tener la recompensa que al final de cuentas, tu vida, no fue un fracaso. Las animo amigas que *desafíen* algo nuevo, al principio hay dudas porque somos humanos, pero, poco a poco, viene la recompensa; a continuación nombrare los nombres de los cantos que compuse en el Vol. 6 de este cantante.

#1.- *Toma mi vida hoy* este canto fue compuesto por el cantante y yo

#2.- *Un* jardín *de niños.*

#3.- *Joven.*

#4.- *La* gran *ciudad.*

#5.- *Sé feliz.*

#6.- *Vuela* palabra *de Dios* y

#7.- *Abre la ventana*

Los otros 3 que faltan fueron compuestos por el cantante; si algún día le gustaría saber cómo se escuchan estos cantos, puede buscarlos en su librería favorita o escucharlos en *you tube.* Al final de este libro pondré toda la letra.

Como al año y medio más o menos el cantante saco el vol. 7 titulado *Quien es El,* de los cuales fui yo quien hizo todas las letras de los cantos; claro inspiradas por Dios, no las hice por mí misa:

1.- *Levanta tus manos.*

#2.- *Agua por piedad.*

#3.- *Te amo mi Dios.*

#4.- *Nuevo día.*

#5.- *Quién es El.*

#6.- *Simplemente gracias.* Este lo tocan en la estación cristiana más grande en California.

#7.- *Lagrimas de un ángel.*

#8.- *Te extraño mamá.* Este lo han puesto diferentes personas en *you tube.*

#9.- *Embajador.*

#10.- *Quince años,* princesa. Este es especial para Quinceañeras.

Todos los cantos se tocan en diferentes estaciones de radio cristianas, de Estados Unidos, Guatemala, los demás países no sé.

Todos estos cantos fueron arreglados con música muy romántica, (de alabanza a Dios). Fue un cambio de estilo nuevo para el cantante, pero gracias a Dios que sí ha gustado. No les puedo decir cuál es mi preferido, porque me gustan todos.

Palabras del Salmista en el 100 (Nos dice que cantemos a Dios)

Cantad alegres a Dios, habitantes de toda la tierra.
Servid a Jehová con alegría;
Venid a su presencia con regocijo.
Reconoced que Jehová es Dios;
Él nos hizo, y no nosotros a nosotros mismos;
Pueblo suyo somos, y ovejas de su prado.
Entrad por sus puertas con acción de gracias,
Por sus atrios con alabanza;
Alabadle, bendecid su nombre.
Porque Jehová es bueno; para siempre es su misericordia,
Y su verdad por todas las generaciones.

salmo 150 (Aquí no dice el Salmista que alabemos a Dios con Música.)

Alabad a Dios en su santuario;
Alabadle en su magnificencia de su firmamento.
Alabadle conforme a la muchedumbre de su grandeza.

Alabadle a son de bocina;

Alabadle con salterio y arpa.

Alabadle con cuerdas y flautas.

Alabadle con címbalos resonantes; Alabadle con címbalos de júbilo.

    Todo lo que respira alabe a JAH. Aleluya.

Capítulo #10

Macho (Hombre o animal)

Amiga lectora creo que usted merece una explicación por si usted no es Mexicana lo que significa un macho en México. Con todo el respeto que se merece el hombre esto no tiene nada que ver con él. No sé porque se le ha dado ese apodo al hombre posesivo, porque en realidad un macho, es una bestia de carga que es usada por los campesinos mexicanos, que no es un caballo tampoco es un burro, la verdad es que es un caballo cruzado con una burra o un burro cruzado con una yegua, así se concibe esta bestia que no se parece a ninguno de sus progenitores, los machos vienen siendo los que nacen del género masculino y las mulas las que nacen del género femenino teniendo su propia personalidad, ahora pues; lo más triste es que estos pobres animales no pueden engendrar, son unos animales amargados, pero domesticados. ¿Tiene esto algo que ver con un hombre posesivo que cree valer más que la mujer? de ninguna manera.

Una vez más, solamente estoy explicando, pero no tengo nada en contra del hombre; al contrario, los respeto mucho, y a mi esposo lo amo y lo consiento. Es muy importante que la mujer tampoco acepte, que el hombre le llame **mula**, eso tampoco está bien, porque hay por ahí hombres que a la mujeres le llaman: Necia, mula, porque no obedecen a su maridos, ¡no lo permita!, dígale a su pareja que la respete, sé que

51

si se lo pide, él lo pensará, y dejará de decirlo. Porque solamente lo hace por ignorancia.

Mujeres por favor no se me confundan con estos comentarios que estoy haciendo recuerden que él hombre vale mucho al igual que usted y que es por él hombre al que todas las mujeres corremos a buscar, por todos lados buscando la felicidad con ellos, porque no podemos vivir sin ellos, ¿no es así?. Si algún hombre está leyendo este libro le pido mil disculpas si es que lo he ofendido sin querer, no olvide que su mujer es su "media naranja". Mi madre me enseñó que siempre tenemos que respetar a los hombres en gran manera, es más; que tenemos que servirle el plato de comida con amor, pero como siempre se le olvida a uno los concejos de la madre, por esa razón surgen los primeros problemas matrimoniales; por la falta de respeto.

¿Se acuerdan lo que les comenté antes, cuando mi esposo me arrastró del cuarto a la cocina tomada del pelo?. Eso fue mi culpa, eso me recuerda algo muy romántico, para terminar este capítulo tan largo.

Me recuerdo cuando mi esposo no era ni siquiera mi novio, algo tan romántico que hacía para conquistarme fue darme de comer en la boca, lo que pasó es que, él era cocinero de un Restaurante Francés y vivíamos en el mismo apartamento con mi Mamá, él todas las noche sin que se le pasara una por un período de tiempo, que ahora no me acuerdo, me llevaba un platillo de comida muy sabrosa que el exagerar sería poco, pero lo más romántico era que me la daba toda en la boca con un tenedor, yo no pedía eso, pero el insistía en hacerlo, pasó el tiempo, y después nos hicimos novios, nos casamos y bueno, mucho después surgió esta historia del zapatazo en la cabeza, que hasta llegó a oídos de mis suegros, yo no sé cómo se dieron cuenta, pero ya andaban comentando lo del suceso de aquel día.

Por indomable un hermano mío me puso la leona. Otro hermano, uno de los mayores, cuando me casé, le dijo a mi esposo: Te doy 6 meses para que la aguantes y luego la dejes. Gracias a Dios; a quién es toda la honra y toda la gloria; ahora mismo que escribo, tenemos de casados, más de 30 años; para ser honesta no está en mis plantes separarme de mi viejito, tampoco divorciarme, no.

Sé que no ha sido fácil, pero tampoco difícil, con la ayuda tan grande que Dios nos ha dado, estamos firmes sirviendo al Rey de Reyes, en lo que podemos.

¿Quieres ser testigo de cómo llegar al triunfo?. ¿De cómo levantarte de las caídas?. ¿De cómo ser fiel a Dios, dándote cuenta también de que somos humanos y que todos tenemos errores?. Porque nadie en este mundo es perfecto, ¿lo entenderás? Entonces sigue leyendo este libro, paso a paso verás que lo imposible es posible, si tan solo podemos creer en Dios, y obedecer su santa y bendita palabra. ***Dios es real,*** *más vale que lo creas.*

SEGUNDA PARTE

Capítulo #11

A mis 22 años de edad

Recuerdo que en ese tiempo de mi vida, tratamos de irnos a vivir a México. Ya teníamos una casa en construcción; y sin mirar, habíamos comprado otra casa pequeña, cuando estábamos en Estados Unidos, pero al mirarla no nos gustó así que, seguimos construyendo la que teníamos empezada, una casa grande en otro terreno que habíamos comprado a mi hermano, mientras tanto, vivíamos con mis suegros por unos meses; la casa pequeña mejor la vendimos, como teníamos muchos años de no ir a México, para nosotros todo lo que hacíamos allá era una aventura, de pronto se nos acababa el dinero, mi esposo trato de buscar trabajo, pero como estaba impuesto a gastar dólares se le dificultó, porque se le hacía poco lo que pagaban, así que decidió mejor regresar a Estados Unidos, dejando a mí y a los niños viviendo allá, en casa de mis suegros.

Era desesperante vivir separados, el uno del otro, poco antes del año mi esposo regresó; cuando él volvió, nos fuimos a vivir a casa de mi mamá, unos meses, otra vez más intentó buscar trabajo, porque a mí me gustaba vivir en México (me sigue gustando).

Aunque mi esposo era cocinero de verdad, ningún dueño de restaurante se lo creía, no le ofrecían un sueldo como para mantener a su familia, según los de los restaurantes de México creen que los cocineros de Estados Unidos lo único que saben es abrir latas. Por esa

57

razón decidió: Volveré a Estados Unidos, pero a mí no me importaba que ganase poco lo que yo quería era quedarme en mi México, pero después de vivir otro año más, por fin dijo: Ya estuvo, me regreso a trabajar en lo que siempre he trabajado de cocinero, todavía tengo mi trabajo; no pude hacer nada así que ni modo. Se regresó, pero esta vez con promesa, de que cuando se acomodara otra vez, el mandaría por mí, aunque éramos indocumentados en aquel tiempo, en eso quedamos; pero esta vez si me quedé muy triste, porque ya había probado dos veces y no se pudo acomodar en México, yo tenía el presentimiento de que iba a ser imposible para nosotros acomodarnos en México, aunque la casa ya estaba casi terminada, es que no estábamos impuestos a vivir separados. Nunca voy a entender a las parejas que uno vive en su país y el otro en Estados Unidos.

Así solamente pasaron tres meses, de tristeza, de llanto, de impotencia; mi hermano al mirarme tan triste, me dijo: Que si quería él me podía llevar a la frontera y de ahí pagar un coyote para que me reúna con mi chaparrito; esas fueron sus palabras; tenía dos niñas y el niño pequeño, se me serraban las puertas, qué hacer con mis pequeñitos, aunque eran nacidos en Estados Unidos, yo no sabía cómo manejar el asunto, además, tampoco sabía cómo estaba mi esposo en cuestión de vivienda, él me decía que vivía en un cuarto con unos compañeros de trabajo, ¿cómo llegar con los niños de sorpresa?, mi hermano me estaba ofreciendo esa oportunidad, porque él tenía un viaje por allá. ¿Qué hacer? no podía más sin ver a mi esposo y al irme seria definitivo, ya no volver a mi México querido, porque como les dije antes, no tenia papeles en los Estados Unidos de América. Mi suegra y mi mamá se pusieron de acuerdo y me dijeron que dejara a la más grande con mi mamá y los dos pequeños con mi suegra; con todo el dolor de mi corazón los dejé, para reunirme con mi esposo, preparar el camino y luego mandar por ellos; ahora pues, venia por el camino llorando por mis pequeños, a la vez contenta porque me encontraría con mi esposo.

Cómo es que los emigrantes sufren, nadie los puede comprender, las leyes de Estados Unidos son muy crueles, con aquellos padres que tienen que ser separados de sus esposos o de sus hijos, que Dios tenga misericordia, de los que hacen las leyes, que separan a las familias, solamente los que han vivido esto podrán entender el sacrificio que se hace, solamente para sobrevivir; no lo hacemos porque somos malos padres, al contrario, lo hacemos por el bien el ellos; en el caso mío, fue solamente unos meses, yo sentía que era el fin de mi vida sin mis niños conmigo; yo comprendo a tantas familias separadas por Emigración, hoy en día, y nosotros sin poder hacer nada, pero le pido a Dios que pronto hagan una ley donde, le permitan a los padres arreglar papeles cuando tengan hijos nacidos en Estados Unidos, de esa manera estará la familia unida, espero que sea pronto, ya que últimamente han estado mandando a los padres a su lugar de origen y dejan a sus hijos aquí sin su mamá o sin su papá, y a veces hasta a los dos los mandan a su país, mientras aquí los niños, lloran por sus padres, que falta de humanidad y de sentimientos.

El hombre hace las leyes, que ni ellos mismos pueden sobre llevar, lo que no saben es que tarde que temprano, la misma ley lo atrapará a él mismo; ahí llorará, pero, como es la ley, solo a su alrededor habrá oído sordo, ojo ciego y ley activa. **Solamente Dios es justo, acerquémonos a él y él hará milagros en nuestras vidas.**

Capítulo #12

El reencuentro

Claro después de llorar todo el camino, por mis hijos que dejé en México, viene la hora de entrar a Estados Unidos, solamente le di una pequeña llamada a mi esposo informando la hora de la llegada, a San francisco California, que fuera a levantarme, él no supo que decir, puesto que ya estaba en la frontera y estaba todo arreglado para que yo llegara, solamente me dijo: Que sí, que iría a recogerme al aeropuerto, porque no le quedaba más que decir; mi hermano al despedirse, me dio dos mil dólares, para que cuando llegara nos acomodáramos mi esposo y yo, luego me puso en un avión, que voló derecho hacia San Francisco, que felicidad cuando lo vi, corrimos nos abrazamos, empezamos a caminar los pasillos del Aeropuerto abrazados

Aunque parezca raro, yo veía a mi esposo contento por mirarme, pero había en su mirada una tristeza o preocupación, que cuando llegó la hora de llevarme a donde tenía que llevarme, se paro, bajo la cabeza, y con voz suave me dijo; no tengo a donde llevarte, no tengo donde vivir contigo, vivo en un pequeño cuarto con mis compañeros de trabajo, ahí, no hay lugar para ti, con tanto hombre en un cuarto tan pequeño, no sé qué voy a hacer; como queriendo llorar, levantando los hombros me repitió: No sé qué vamos a hacer o a dónde ir; al mirarlo tan triste, lo abracé, lo besé y le dije con un rostro de alegría y ánimo:

No te preocupes, por lo pronto te invito a vivir en un hotel, mientras pensamos, yo traigo dinero para eso y para comprar un carro, lo demás Dios nos ayudara a pensar cómo hacerle; inmediatamente le cambió el rostro y contentos tomamos un taxi y nos fuimos a un hotel.

Al día siguiente, salimos del hotel e inmediatamente vimos un carro rojo, con el letrero de, "se vende", le hicimos la señal al chofer que se parara, ahí mismo hicimos el trato y el chofer se fue caminando; mientras nosotros entregamos el hotel, y nos sentíamos en casa, porque ya teníamos un techo, el techo del carro; después nos sentamos dentro del carro callados, y pensado, ¿ahora qué haremos?; a mí se me ocurrió algo: ¿Por qué no nos vamos a vivir con mi tía, la que vive en Ontario California?, él me contesto: ¿Tú crees que ella nos dejaría vivir en su casa?, yo le dije:, Sí, ella es muy buena, es Cristiana, tú la conoces, fuimos a su casa cuando murió mi tío, ¿la recuerdas? ah sí me dijo, pero…, le contesté: ¿Pero qué? ¿le tienes miedo porque es Cristiana? me dijo: Sí, no sabría cómo comportarme con ella, entonces le dije: No te preocupes, siempre que hable de Dios le seguiremos la corriente, tratamos de comportarnos callados, porque lo que necesitamos es un lugar donde vivir, luego que nos acomodemos, pues rentamos un apartamento; fue así como mi esposo y yo quedamos de acuerdo, de ir a vivir con mi tía, que vivía como a 7 horas de retirado de donde estábamos en aquel momento, así que tomamos el carro y mi esposo fue a despedirse de los muchachos y de su trabajo, luego nos decidimos a viajar, juntos y contentos, hacía la nueva vida que nos esperaba con mi tía en Ontario California; después del viaje, gozosos, llegamos con mi tía, como de visita, porque tampoco le informamos que iríamos, mucho menos a vivir en su casa, que esos eran nuestros planes; como mi tía era muy amable inmediatamente, nos ofreció de comer, platicamos de las cosas de familia, pero cuando ya la visita terminó, pues tuvimos que decir: Que no tenemos a dónde ir, ella tan buena, nos ofreció un cuarto, que tenía atrás del garaje, lo aceptamos contentos; inmediatamente, empezamos a buscar trabajo, gracias a Dios encontramos pronto en un Restaurante; empezamos a trabajar con la ilusión de rentar un apartamento para traer con nosotros a nuestros niños; el único problema que teníamos en esa casa de mi tía, que para todo sacaban a Dios, Dios, por aquí, Dios por acá, eso era muy empalagoso para nosotros, pero como ya habíamos hecho el trato él y yo de aguantar, eso es lo que estábamos haciendo aguantando, con respeto; es más, hasta creo que nada más porque nosotros estábamos ahí, mi tía empezó a tener, un día de oración en su casa, para evangelizarnos, hay que enfado, pero nosotros, ahí, aguantando; luego como mi tía no sabía manejar, nos pedía por favor que la acompañáramos a la Iglesia, para llevarla; como éramos amables y agradecidos, la llevábamos a la Iglesia, por respeto, nos quedábamos con ella, hasta que se terminara todo, para luego llevarla a su casa; mi tía nos tomó mucho cariño y nos decía: mijos, yo los quiero mucho ojalá pudieran comprender el amor de Dios para con ustedes y le entregaran su vida a Cristo, El los ayudará en su caminar, tengan confianza en Él, pronto tendrán a sus pequeños con ustedes, busquen de su presencia, Dios es amor, yo amo tanto a mi Dios, que si no fuera por Él no sé qué sería de mí, vivo porque El vive, respiro porque Él me da la vida, oh mi Dios cuánto lo amo, Dios es todo para mí, ¿si tan solo ustedes pudieran comprender, lo que les estoy diciendo?. Mi tía nos comentó esto: Escuchen mis hijos, un día yo tuve un accidente muy grande de auto, en el cual morí, en medio de mi paz, pude ver a un hombre vestido de blanco, que me dijo: Tienes que regresar; en sus manos tenía muchos libritos, él me los dio, para que yo los repartiere a las almas perdidas, esos libritos, significan la palabra de Dios; Desde entonces no paro de decirles a todos que Dios me dejó viva para hablar de Él, si ustedes se molestan porque les hablo del amor de Dios, algún día lo van a comprender, pero yo estoy cumpliendo con el mandato, la gran comisión que Dios me dio.

Ciertamente encontramos en las escrituras en el libro de **Mateo cap. 28:18** Y Jesús se acercó y les habló diciendo: *Toda potestad me es dada en el cielo y en la tierra. Por tanto, id, y haced discípulos a todas las naciones, bautizándolos en el nombre del Padre, y del Hijo y del Espíritu Santo: enseñándoles que guarden todas las cosas que os he mandado; y he aquí yo estoy con vosotros todos los días hasta el fin del mundo. Amén.*

Recuerde amiga que es muy importante escudriñar las escrituras que le estoy dando, no solamente leerla como cualquier lectura, porque son más profundas de lo que parecen, pídale a Dios que le de el entendimiento espiritual para comprender esta que le acabo de poner, y las otras.

yendo al cumplimiento **del bautismo de los apóstoles y los primeros cristianos,** sobre este mandato de Jesús; solamente encontramos *2 diferentes formas de bautizar en toda la Biblia.* El bautismo del **arrepentimiento** que hacía Juan el Bautista (mateo 3:11) y los bautismos que hizo el apóstol Pedro el día del pentecostés (Hechos 2:38) en **el Nombre de Jesucristo** y en todos estos ejemplos solamente se bautizaban **adultos o jóvenes**, porque ya tenían uso de razón haciendo su decisión de servir a Dios. **nunca se bautizaron a las niños mucho menos a los bebes.**

Un Señor, una fe, y un bautismo, un Dios y Padre de todos, el cual es sobre todos, y por todos, y en todos. *Efesios 4:5 y 6*

Un gran mandamiento:
Oye, Israel: Jehová nuestro Dios, Jehová uno es. Y amarás a Jehová tu Dios de todo tu corazón, y toda tu alma, y todas tus fuerzas. *Deuteronomio 6:4 al 9*
el segundo mandamiento:
Y el segundo mandamiento es semejante: Amarás a tu prójimo como a ti mismo. No hay otro mandamiento mayor que estos. *Marcos 12:31*

Siempre tenemos que recordar que la salvación de nuestras almas viene por medio del sacrificio de nuestro **Señor y Salvador Jesucristo**, que los pecados solo él los perdona, no el hombre, ni la Religión, solamente Dios, a él se le pide el entendimiento de su Santa palabra.

Capítulo #13

Perseguida

Así todos los días que mi tía tenía que asistir a su Iglesia, nosotros la llevábamos, nos hicimos sus choferes exclusivos, ya todos los de la Iglesia nos empezaron a llamar hermanos, nosotros les seguíamos el juego, para que mi tía no se sintiera mal. Un Domingo, me acuerdo, que hubo bautismos, esa Iglesia bautizaba así: Arriba como segundo piso tenían una gran pila de agua, la cual usaban para bautizar a todo aquel que ya estaban preparados, que habían escuchado la palabra de Dios y pedían ser bautizados; bueno, pues ese Domingo había bautismos, para mí era la primera vez que veía bautismos de adultos, era algo nuevo para mí, así que puse mucha atención a lo que ellos hacían, fue tanta la atención, que hubo un momento cuando sumergieron al agua a una mujer, sentí como que era yo, me llené de gozo en todo mis ser y en medio de tanta gente, no me importó, si me veían o no, empecé a aplaudir con más rapidez que los demás, todo mi cuerpo lo sentí caliente, pero un caliente muy sabroso, no lo sé explicar, en ese momento empecé a llorar y llorar, estaba consciente de todo lo que sucedía ha mi alrededor, en ningún momento perdí el conocimiento, eso que yo sentía, la única manera que puedo describir, sería en la palabra, gozo, ¿cómo explicarlo? solamente que usted lo sienta, como es que lloraba de gozo al mismo tiempo que aplaudía, me dijeron los hermanos de la Iglesia que eso era la manifestación del

Espíritu Santo en mi alma, mi tía estaba muy contenta, por la experiencia que me había ocurrido. A partir de ese día mi vida era diferente, ya me sentía como si Dios me había hecho el llamado de seguirle, pero aun así, no hacía mi decisión completa de seguirle porque me sentía insegura e inmerecida de tal llamamiento, también incapaz de seguir una vida en santidad, como dicen los hermanos en Cristo, para mí era muy difícil asumir una responsabilidad del cambio de vida, de mis enseñanzas de niña, pues yo fui bautizada de niña, claro que no me acordaba, pero según mi madre yo tenía una madrina de bautismo, entonces pues, a esas alturas necesitaba saber más de lo que me estaban diciendo, empecé a estudiar más la Biblia, y a comportarme más oidora de los concejos de mi tía; unos meses más juntamos un dinero, empezamos a buscar apartamento de renta, cuando lo encontramos, nos movimos de con mi tía, muy contentos, claro mi tía también estaba contenta, porque ella hizo su trabajo que Dios le encomendó de predicar la Santa Palabra, eso es precisamente lo que hizo con nosotros, nos predicó y al llegar el momento, nos tuvimos que mover de su casa, una vez que ya teníamos nuestro apartamento; mandamos traer a nuestros hijos de México. Mi esposo con nuestros hijos visitábamos la Iglesia de vez en cuando, sin ningún compromiso, solamente cuando sentíamos las ganas y teníamos el tiempo visitábamos a mi tía a la Iglesia; ahí en esa Iglesia conocimos a la nuera de mi Tía, que viene siendo para mi, mi prima política, ella era muy atenta con nosotros, también muy trabajadora en la obra de Dios, cuando nos salimos de la casa de mi tía ella siempre tuvo contacto telefónico con nosotros, invitándonos a la Iglesia, y sí, a veces íbamos y a veces no, porque ya con los niños era un poco difícil andar con la libertad de antes, sin embargo, no se nos olvidó ir a dar gracias a Dios por habernos traído a nuestros niños pequeños sanos y salvos, porque por todo el tiempo que vivimos con mi tía, ésa era la petición que siempre le teníamos a Dios que nos permitiera traer a nuestros pequeños con nosotros, Dios nos lo concedió.

Viviendo en un pequeño apartamento de un solo cuarto; un hermano mío y su esposa estuvieron una temporada con nosotros. Recuerdo que un día llegó mi esposo y mi hermano de trabajar; para esto yo había estado enferma durante el día, con calentura y mucho dolor de cabeza, me sentía muy débil y sin ganas de cocinar, ni de hacer nada, todo mi cuerpo me dolía, pero mi cuñada, como era muy trabajadora, cocinó, para todos, pero al llegar ellos de trabajar, no sé por qué mi esposo se porto grosero, tal vez le dio vergüenza porque yo no estaba en la cocina, no sé, pero se dirigió a mí con burla irónica y con un gesto de desprecio, diciendo: Mi esposa ya ni me cocina, ni me da de comer; no sé qué pasó dentro de mí, pero sentí mucho coraje y lo que no había pasado ya por mucho tiempo, pasó; me lancé sobre él, que estaba sentado en el mueble, empecé a pegarle en su rostro, con fuerza y coraje, diciendo: no me digas que ya no sirvo para nada, que no te cocino, he estado enferma y ni siquiera preguntas que cómo estoy, lo único que te importa es dejarme en mal pero no me importa; entones, mi hermano empezó a querer defender a mi esposo, diciendo: ¿Déjalo Que te pasa?, yo le contesté: ¡Tú déjame en paz!, ¡Tú tienes a tu esposa!, ¡Yo tengo el mío!, ¡Tú le pegas a la tuya!, ¡Yo puedo pegarle al mío cuando yo quiera!, ¡Apártate de mi vida que no me meto con la tuya!, luego me dirigí a los dos: ¡Farsantes, mentirosos e hipócritas, que les gusta solamente golpear, pero que no les peguen!; Después me retire al cuarto, rápidamente. Cuando todo volvió a la normalidad, todos estaban riendo y yo también, me dijo mi hermano: De verdad que estás loca, recuerdo que no parábamos de reír yo le contesté: No empieces, para no sacar nada al aire, mejor le dejas ahí; después mi esposo y yo estábamos contentos como si nada hubiera pasado, esa era nuestra vida feliz.

Pero la fe en Dios viene en escuchar la palabra de Dios, así que mi prima política, decidió no dejarme en paz, hablándome siempre que podía de Dios, para poder lograr en mí, el nacer la fe en Dios.

Capítulo #14

Cambio de vida

Después de un tiempo nos dimos cuenta que definitivamente, no cabíamos en ese apartamento tan pequeño, porque también se vinieron a vivir con nosotros mi cuñada y mi cuñado, así que decidimos movernos a algo más grande, fue así cuando nos movimos a vivir a Riverside California, ahí empezamos una vida nueva, Mi prima política que se comunicaba mucho conmigo, empezó a venir directamente a mi casa, para darme estudios de la Biblia, más directos y más personales, que en la Iglesia, ella era bienvenida, por ser pariente, mi esposo la aceptaba por eso, pero a él nunca le gustó el cristianismo, cierto que se portó muy bien con mi tía, pero hasta ahí, solamente lo hizo por interés, porque mi esposo siempre dijo, que él era feliz así, con el tipo de vida que llevábamos, por lo tanto, eso de el cristianismo no era para él.

Al vivir en esta nueva área, mi esposo convivía mucho con mi hermano, tanto que hasta se iban de parranda por allá ellos solos con los amigos, yo sabía que mi hermano siempre le había sido infiel a mi cuñada, pero como dije antes, esto para mí no tenía ningún significado, porque mi cuñada siempre lo supo, yo como siempre diciendo, que mi esposo es fiel, siempre lo ha sido y siempre lo será, aunque ande con mi hermano, con él con más razón me respetara; mi hermano y su familia se movió a vivir en su propia casa enfrente de la mía, también trabajaban en el mismo lugar, así que mi hermano y mi esposo se pasaban la mayoría del tiempo juntos; Mi hermano se paraba junto a la puerta de la casa, gritaba: ¡cuñado!, y mi esposo salía inmediatamente y se iban casi todos los días, a veces por que se iban juntos al trabajo y a veces como ya dije antes de parranda; luego después en un tiempo más, la familia de mi esposo que vivía con nosotros, también rentaron una casa y se fueron; aunque también vivían por la misma área, pues ya vivíamos nada más mi esposo y mis hijos en nuestro hogar, todos nos estábamos acomodando muy bien, mi esposo acomodo a trabajar en el mismo restaurante a su familia; a estas alturas ya mi esposo no solamente era cocinero, sino que ahora era un cocinero especial, que se encargaba de enseñar a cocinar a los nuevos managers y cocineros que entraban a la compañía.

Por cuestiones de trabajo él tenía que viajar, lo mandaban ha diferentes restaurantes, donde se necesitaba su presencia, uno de ellos fue en Oceanside California, así que ya tenía mi esposo muy poco tiempo conmigo; también abrió un negocio más, de limpieza de restaurantes, por las noches, aunque tenía trabajadores, aun así estaba al pendiente de todo, al ver que trabajaba tanto yo comprendía que tenía que estar lejos de él por una semana o dos a veces, porque se quedaba a dormir fuera, por cosas de trabajo. La familia de mi esposo, me visitaban muy poco, porque trabajaban mucho; yo me dediqué a mi hogar.

Después que mi prima política terminó de darme el estudio bíblico en mi casa; decidí ir a la Iglesia local de mi área, que se llamaba de la misma manera a la Iglesia aquella donde iba mi tía, con la diferencia de que aquí nadie me presenta como pariente; yo quería ir sin decir que ya fui a otra Iglesia y empezar a aprender desde el principio; así que, me hice visitante de la Iglesia de mi área; todos los días de servicio ahí estaba yo, como mi esposo casi no estaba en casa, pues aprovechaba el tiempo para ir sin que él me regañara; cuando él se dio cuenta; yo ya estaba un poco fuerte espiritualmente y lo enfrenté diciendo: Estoy yendo a la Iglesia de los cristianos y me gusta, nada me va a ser cambiar de decisión, entonces él me contestó, levantando los hombros: ¡Ey yo no digo nada!, ¿si eso te gusta? sigue yendo, nada más a mí no me andes con tus cosas, ni me andes diciendo nada de la religión, porque ya sabes que eso a mí no me gusta, eso, es tu problema. Recuerdo que, cuando lo veía mal y trataba de hablarle del amor de Dios me contestaba siempre así: *"¡Ay! ¿ya vas a empezar?, tan a gusto que estamos".* Esas eran sus palabras, sin faltar **el famoso arrugado de ceja**.

Ya con su permiso, me sentía mucho mejor, me iba a la Iglesia con mis tres hijos, al salir de la Iglesia, la mayoría de las veces con los tres dormidos, los hermanos me decían: No se preocupe hermana nosotros le ayudamos a llevarlos al carro, seguiremos orando por su esposo, para que pronto venga con usted y le ayude con sus hijos. Luego salí embarazada del cuarto hijo, pero eso no me impedía ir, con todo y barriga, con mis tres hijos, así me iba siempre a los servicios, porque esta ya lo estaba tomando en serio, aunque mi esposo no lo sabía; en el principio del embarazo, me puse muy grave, con los vómitos, que tuve que dar al Hospital, porque me estaba deshidratando, estuve internada hasta que me recuperé, luego en mi casa, recuerdo que una vez estando yo en cama, un anciano de la Iglesia, trató de llevarme unos cassettes de música, para que los oyera, ya que no estaba yendo a la Iglesia normalmente, por mi enfermedad, pero mi esposo, cuando abrió la puerta y él le dijo que le quería entregar esos cassettes para que me los diera, mi esposo le cerró la puerta en la cara, y le dijo: *"vállase, aquí no hay de piña",(expresión* mexicana), después se dio cuenta de que aquel hombre todavía estaba ahí, abrió la puerta y le dijo: ¿Todavía está usted aquí?, ¿Qué no le dije que se fuera?, vállase que aquí no hay de piña, si no se va, lo voy a matar, tengo una pistola, más le vale que se valla; le volvió a cerrar la puerta; al paso de unos minutos, mi esposo abrió la puerta de nuevo, se encontró con un hombre ahí parado, con una sonrisa grande en su rostro, mi esposo se le quedó mirando un momento y de pronto; empezó el también a reír y dijo: Con usted no se puede, déme esos cassettes, yo se los daré a mi esposa, aquel hombre le contesto: gracias, que Dios lo bendiga, espero que su esposa se recupere pronto, dígale que estamos orando por ella; mi esposo le cerró la puerta, entró a la casa sonriendo, fue a mi cuarto sin parar de reír y me lo contó todo.

Capítulo 15

La gran decisión

Seguí visitando esa Iglesia, después de que nació ese niño, empecé a tener pesadillas, soñaba que Cristo venía por su Iglesia y que yo me quedaba llorando, casi todas las noches tenía diferente sueño, me sentía incompleta para servir a Dios, como que me faltaba el bautismo de adultos, se me empezó eso a convertir como una necesidad, y dije: ¿Qué me está pasando?, me empecé a desesperar, le comente a mi esposo, no sé qué hacer y él me decía que estaba loca, más de una vez despertaba llorando, mi esposo que trabajaba mucho, que casi no estaba en casa, se molestaba, porque cuando él estaba ahí, tenía yo que despertarlo con el mimo tema. Un día molesto me dijo: ya estuvo, me enfadas mucho si ése es tu deseo, pues bautízate a mí que, total, no me dejas dormir, hazlo y a mí me dejas dormir; antes ya le había comentado que quería bautizarme y él se burlaba y me decía que eso no era para mí, que ya estaba bautizada de niña, que no necesitaba hacerlo de nuevo; no sé porqué yo le pedía permiso, pero, es que siempre le pedía permiso para todo. Lo que yo no sabía es que en lo espiritual solamente Dios manda, y que la salvación de las almas son individual. Entonces el siguiente Domingo le dije al Pastor que quería ser bautizada, él me dio una fecha, luego cuando vi a mi esposo de nuevo le comenté que ya iba a ser bautizada, cuando le dije la fecha y que aquello era real, se molestó muchísimo, no me gritó, ni mostró su coraje, solamente con voz suave me dijo esto: Bueno si ésa es tu decisión, ni modo, yo te he dejado ir a la Iglesia, para que no te aburras aquí sola, para que tengas algo que hacer, pero ya de ¿bautizarte?..., eso ya es mucho, la otra noche te dije que sí, porque ya no te aguantaba y no me dejabas dormir, pero no estoy de acuerdo, si tú te bautizas las cosas ya no van a ser igual, ya no vas a ir conmigo a los bailes, ya no nos vamos a divertir con los amigos, como lo hacíamos antes, ni tampoco voy a presumir tu cuerpo con mis amigos, porque ahora me imagino, que vas a vestir diferente, como una cristiana, ¿o no? ...,ya no vas a vestir sexy como a mí me gustas, vas a ser aburrida, lo que yo voy a hacer es buscarme otra, que sí me complazca en lo que yo quiera, y vista como yo quiera, para divertirme como siempre, ya que tú te quedas con tus hermanitos, si así lo quieres pues así será; quédate con ellos, prefieres eso que a mí, también me voy a divorciar de ti, porque al bautizarte ya no serás la misma, sí, me voy a divorciar. Yo lo dejé hablar; luego le conteste, muy firme de lo que estaba diciendo: Está bien, si tú te quieres divorciar hazlo, solo que yo no me quiero divorciar, porque te quiero, en ningún momento pienses que yo haría un documento de divorcio, pero eso sí, si tú insistes en divorciarte solamente porque he decidido servir a Dios del todo, pues hazlo, cuando los documentos estén preparados, me avisas y me dices dónde firme y firmaré, porque también me dices que vas a buscar a otra mujer mejor que yo, tampoco te lo prohibo, porque ya estas grande y sabes lo que haces, pero una cosa sí te digo, y te lo repetiré cuantas veces sean necesarias, yo a mi Cristo no lo dejo, ni por ti ni por nadie, he llegado a conocer el verdadero amor, que es Dios y eso para mí vale más que lo que tú me puedas decir u ofrecer, para que yo vuelva atrás mi decisión, también quiero que sepas, que Dios te estará esperando, cuando andes lejos de mí, que ya estés cansado de esa vida que llevas y te hayas llenado de tanto pecar, cuando sientas que la vida se te va, siempre recuerda esto, clama a Dios y el te ayudara. Esta fue la conversación que tuvimos mi esposo y yo antes de mi bautismo. A partir de ese día solamente me dirigía la palabra, para lo necesario; El día de mi bautismo no fue; cuando regresé de la Iglesia lo encontré dormido en cama muy callado. Pero eso no me quito el gozo.

Capítulo #16

Mi nueva vida

En esta vida nueva, vivía yo en un mundo completamente diferente, al que vivía antes, aprendí a expresarme diferente, a convivir diferente, en mí había más respeto, aun para mí misma, me di cuenta que mi esposo no era malo, si no que las circunstancias de la vida sin Cristo son diferentes de la realidad, me pude dar cuenta de muchas cosas que yo vivía equivocadamente, una de ellas ese odio, ese coraje que yo tenía en contra de mi propio esposo, ahora lo veía y me daba lástima porque estaba atrapado en el alcoholismo y la drogadicción, porque yo sabía que él consumía cocaína, eso a mí me dolía mucho, entonces, empecé a orar grandemente por aquella alma que era mi esposo a quien yo quería mucho, pero él pensaba que lo que él hacia estaba bien, claro, porque todos los que están en drogas o en el alcoholismo piensan que están bien, porque ellos no saben que son adictos, se escudan con las palabras de: *"Yo tomo cuando yo quiero, las bebidas a mi no me dominan, yo las domino a ellas"* los adictos a las drogas, tampoco aceptan que son drogadictos, ellos dicen :"Yo *no soy drogadicto, los drogadictos usan droga a todas horas, en todo momento, yo solamente, cuando quiero, o cuando estoy con mis amigos, si no hay droga, no ando llorando diciendo que la necesito",* ¿*Sabe* usted querida amiga que usa drogas de vez en cuando?, ¿Por qué siente que no es drogadicta?, Porque de una manera u otra siempre ha tenido lo suficiente para comprar lo poco o mucho que usted usa, pero el día que usted no tenga los medios para conseguirla entonces se dará cuenta que sí es una drogadicta y que necesita ayuda, ya sea profesional, o pedirle a Dios que la libere de sus vicios; así que, los drogadictos en su mundo dicen estar bien, porque huyen de la realidad; todos, aun los que no conocen de Cristo saben, que eso se llama vicio, que el vino no conduce a nada bueno en el futuro, como ser humano, ahora yo espiritualmente lo pensaba también, su alma iba derecho al infierno, porque eso es lo que he aprendido estudiando la Biblia; así que, empecé a orar y orar por mi esposo, en gran manera y preocupación, la oración que perdura es la que se tiene en todo momento, orando sin secar, en el trabajo, en el hogar, Mi prima política me visitaba y me daba concejos, no estaba sola aparte de Dios tenía a una amiga, que oraba juntamente conmigo, por la salvación del ama de mi esposo. Yo contenta por fin sirviendo a Dios como siempre lo quise desde pequeña, tenía un gozo una satisfacción que no me cabía en el pecho, esa felicidad se me notaba en el rostro, como si hubiera vuelto a nacer, mi esposo también lo noto, un día me dijo: ¿Ahora tu que traes, con esa actitud siempre alegre, Será que andas de volada por ahí con los hermanitos de la Iglesia?.

Recuerdo que empecé a escuchar un programa radial, de lunes a viernes a la misma hora, cuando él se dio cuenta, me empezó a apagar la radio, empezando a celarme con aquel predicador, de la radio, entonces empezó a atar cabos, y a decir: ¿Así que esa felicidad que te traes ha de ser porque andas con ese predicador de seguro; claro que yo me sonreía y lo ignoraba, diciendo, que ni siquiera yo conocía a esa persona, solamente su voz en las predicaciones, mi esposo se alejaba de mi diciendo, irónicamente: Hay si como no, que no lo conoces, entonces ¿Por qué lo escuchas siempre? yo le contestaba, pues porque me gusta como predica.

Mientras mi esposo se dedicaba a trabajar y venia a casa una vez por semana y ha veces hasta dos veces por semana, pero bueno, eso es cuestión de trabajo decía yo. En las noches a veces mi esposo me pedía concejos, porque él sabía que yo se los podía dar, es más ha veces él me pedía oración por ciertas personas que él conocía en el trabajo, pensando que necesitaban oración yo lo escuchaba, siempre tenía algo positivo que decirle, me gustaba mucho conversar con él de noche en la cama, porque ahí sentíamos paz y como durábamos mucho sin vernos pues aprovechábamos el tiempo en platicar, a esas horas de la noche. Recuerdo que una vez me comento, sobre una historia triste, de una muchacha, muy bonita, que tenía hijos, pero que no podía dejar el vicio de la cocaína, también me dijo que el gobierno le había quitado sus hijos, y que esa mujer bonita sufría mucho, por favor me dijo: Ora por ella, para que se le quite los vicios y el gobierno le regrese sus hijos, le pregunte por su nombre y me dijo se llama Rosa, (no es su verdadero nombre) así sucesivamente el me contaba diferentes historias y me pedía oración, por supuesto que nunca dejaba de orar también por él. **El pedir una oración es como pedir agua, eso no se le niega a nadie.**

Mi esposo me ha contado hoy día, que había veces que él llegaba a casa dispuesto a pelear conmigo pero que al llegar y ver la casa limpia, su ropa planchada, su comida lista, que al ver mi sonrisa con que lo recibía, se olvidaba de llegar a pelear, porque no veía motivos, la felicidad, llegó tanto a mi vida que estaba atenta al más mínimo detalle para complacerlo, teniendo todo a la mano, como una esposa virtuosa, el se sorprendía tanto, que una vez pensó: "¿O mi esposa se está volviendo loca, o de verdad, existe ese Dios? de quien ella habla, porque siempre anda feliz, ya se le quitó lo corajuda, ya no me pega, ni tengo ganas de pegarle, porque no encuentro motivos".

Consejo:

Querida amiga, es importante que tu pareja pueda ver el cambio en tu vida diaria, que pueda observar la diferencia del antes y del después, porque se dan cuenta que pueden sacar provecho de la mujer nueva, dando así a él más tranquilidad y confianza al llegar a su casa, el estar en un ambiente familiar diferente, con armonía y amor.

Capítulo #17

El desengaño

U n día estando yo en casa de ni hermano ahí, solamente de visita, recuerdo que estaba yo callada y sentada en la sala, mientras mi cuñada platicaba con esa mujer amiga de de su esposo, ellas platicaban mientras yo oía así: bueno, primero mi cuñada se quejaba de la infidelidad de su esposo que era mi hermano, mi cuñada decía: de seguro que mi esposo anda con esas viejas locas por ahí, ya me imagino, viejas resbalosas, la amiga de su esposo le contesta: no, no te preocupes tu esposo anda bien, que yo sepa no anda con la tal Rosa esa que dices, porque yo tengo entendido que el que anda con ella es su cuñado, él si anda con ella los he visto; en cuanto esa mujer termino de decir eso, mi cuñada volteo rápidamente a mirar mi cara, yo me levante del sillón y me acerqué a esa mujer: ¿Qué? No podía dar crédito a lo que mis oídos escucharon, porque eso para mí era una equivocación, mi esposo era incapaz de engañarme, mi cuñada entonces se dirigió a la mujer y le dijo: Ella es la hermana de mi esposo, ella es mi cuñada; por un momento hubo un silencio..., luego la mujer que estaba ahí, se dirigió a mí con certeza, bueno ya la regué, pero, si no me cree usted, vaya ahora mismo a la casa de los hermanas de su esposo ahí encontrara usted a la tal Rosa de la que estamos hablando, compruebe usted misma lo que digo, ahí está ella en estos momentos, enfrente esto para que salga de dudas...

No, no esto no me podía estar pasando a mí, esto tenía que ser una mentira, broma de mal gusto, pero de inmediato tomé el carro y salí rápidamente hacía aquella casa de la familia de mi esposo, por el camino iba orando a Dios, por fortaleza, como yo iba a enfrentar esto, como una hija de Dios se comportaría, no, no lo sabía, solamente pensaba en la ilusión de que eso fuese una mal jugada, ya que siempre confíe ciegamente en la fidelidad de mi esposo; llegué lo primero que vi fue a una desconocida, sentada en el sillón de la sala, se me vino a la mente, es ella, luego le pregunté: ¿Tú eres Rosa? ella no me contesto nada, como muda, luego me dirigí a una hermana de mi esposo que estaba ahí, preguntando por el nombre de esa mujer, mi cuñada dijo: Yo no sé nada, ella es mi amiga; pero se empezó a juntar la familia, la única que estaba ahí desconocida era ella, entonces como nadie me contestaba lo que yo quería saber, pues empecé a hablar: ¿Si tu eres Rosa?, solamente vengo a decirte que mi esposo es mío y de nadie más, seguramente piensas que vengo a pelear, al tu por tu, como cualquier mujer lo haría, pero no, hoy te has topado con una mujer Cristiana de verdad, que voy a luchar por mi esposo espiritualmente, que no pienso agarrarte a golpes, porque no es tu culpa, tampoco a él, porque no vale la pena, pero sí te digo algo muy importante, voy a luchar por mi matrimonio, porque tengo hijos y porque no me da la gana dejarte a mi esposo, voy a luchar, a entrar en guerra por él, y quiero que sepas que mi esposo va a servir a Cristo, va ha ser para Cristo no tuyo, así que olvídate de él para siempre; luego salí de ahí de ese lugar, dejando a todos los que estaban ahí callados, nadie absolutamente nadie contestaba nada, para mí fue algo vergonzoso que la propia familia de mi esposo estaban involucrados guardando ese secreto, que dizque porque esa mujer era su amiga, yo me puse a pensar, ¿Qué tanto valor o lugar tenía yo como parte de la familia de ellos?, ¿La madre de sus sobrinos, como para que me menospreciaran tanto?, ¿Qué acaso no sentían nada por mí, o por la unión familiar?, no tenía yo ninguna explicación o respuesta a nada, solamente la que esa mujer en casa de mi hermano me dijo, asumiendo así que todo era verdad, porque todos callaron, venia llegando ya a mi casa, sin llorar, solamente mi cuerpo temblaba, luego vi a mi esposo en el jardín, mi hermano ya le había hablado por teléfono, diciendo lo que había sucedido en su casa, con su amiga chismosa, en otras palabras, que yo ya lo sabía todo; mi esposo al mirar que llegué, recuerdo que traía en sus manos unas tijeras grandes de jardinero, apuntando hacia arriba en las ramas del árbol, cuando me vio, se le cayeron las tijeras y se cortó el labio, yo me dirigí hacia él y le dije: ya la conocí, y no es tan bonita como me lo dijiste; entré a la casa y él me siguió, pidiendo perdón; yo lo único que sé, es que en esos momentos, sentía una gran fortaleza en mí, no lloraba, solamente, estaba callada, se me hacia como una pesadilla irreal, como que flotaba en el piso, lo miré y pregunte: ¿Ella es la mujer de la que me platicaste, y me pediste oración porque estaba en problemas de drogas, verdad?, ¿A la que el gobierno le quito sus hijos?, sin dejarlo contestar, seguí hablando: Qué poca vergüenza tienes, desde cuándo me has estado engañando, yo orando por ella y tu acostándote con ella, ¿Como pudiste hacerme esto?, Tú, que decías quererme tanto, tú, que me prometiste amor por siempre, tú que prometiste nunca engañarme, tú, que me has sido fiel tantos años, me has dejado de querer y no fuiste sincero conmigo, diciendo que ya no me quieres, tú, mi esposo, el padre de mis hijos, ¿Qué voy a hacer ahora, será que ahora si nos vamos a divorciar?, ¿Como una vez me amenazaste?. Enseguida me salí de la casa, no para dejarlo, solamente para pensar, era demasiado, fue todo de un sopetón, o sea muy rápido para mí, para poder aceptar lo que estaba pasando a mi alrededor, pero al salir el me siguió, pidiendo perdón y perdón, le dije: déjame, no me molestes, quiero pensar sola, pero como él me seguía, mejor me regrese a casa, para poder hablar, sin hacer escándalo en la calle.

En este momento a la mujer feliz, se le cae el rostro de tristeza, se le revuelve el estómago, todo se ve color gris, sintiendo que no hay persona en el mundo que comprenda su dolor, pero lo más triste aun es, que en realidad no la hay. Solamente la mujer que ya haya pasado por ese dolor la podrá comprender y aconsejar, lo malo es que casi todas las mujeres ocultan su desgracia, no comparten sus sentimientos, para poder ayudar a las demás. De esta manera la mujer termina por aceptar los engaños de su marido, viviendo una vida de amargura e infelicidad, o simplemente acuden al divorcio y ahí se termina toda la lucha; pero al final de la historia los que más sufren son los niños por tener padres ignorantes y cobardes que no luchan por lo que les pertenece, el hogar con sus 2 padres e hijos. **El orgullo tonto solo conduce a la separación e infelicidad de por vida. el perdón a la felicidad y a la vida eterna.**

Capítulo #18

El dolor

Lo más triste del engaño que le puede pasar a una mujer, es cuando el esposo le confiesa a su mujer, que está enamorado de la amante, eso sí es como si él esposo le disparara una pistola directo al corazón, lo malo es que, esa pistola, no mata la carne, porque sigue sintiendo el dolor, es un dolor que no se puede explicar, solamente las personas que han pasado por esto lo pueden comprender, aunque lo trate de explicar, no me entenderán, pero, usted amiga que lee, usted, sí a pasado por esto, usted sí me comprende, el dolor tan grande e inexplicable que se siente, y pensar que siempre me gustaba hablar del tema, solamente para vanagloriarme cuando veía a personas sufriendo, encima de su sufrimiento, les refregaba que mi esposo era diferentes a todos, porque él sí era fiel a mí, y pensar que las lastimaba más, en lugar de sanar sus heridas, de verdad que era una mujer malvada, eso, después de esto lo llegué a comprender; por eso, es necesario que pasemos por ciertas pruebas en la vida, para poder tener la experiencia, el sentir verdadero de las cosas, luego poder dar concejo al necesitado; he comprendido que no se puede dar concejo aceptado, cuando uno todavía no ha pasado por ahí, porque los concejos son fáciles de dar, pero, para que la persona necesitada cumpla el concejo, es duro, porque la persona que da el concejo no sabe lo que la otra persona siente, dice un dicho viejo: " *Solamente el que trae el zapato puesto, sabe cuánto le aprieta",* por más que nos imaginemos el dolor, nunca lo sentiremos de la misma manera, vemos como cuando alguien muere, se acercan los amigos, abrazan al doliente, diciendo lo siento mucho, te acompaño en tu pesar, eso solamente es un decir, aunque se ponga la cara de dolor, jamás, de los jamases el consolador dará un consuelo verdadero, cuando el consolador, no ha pasado ya por el mismo dolor. Si alguien que esté leyendo este libro me conoce y algún día la herí con mis comentarios altivos, sobre la infidelidad de su pareja y la fidelidad del mío, pido por favor me perdone, por haber sido tan insensata, en mis comentarios hirientes. Hoy sé lo que es el dolor de sentirse burlada por el ser que uno ha confiado, por el hombre que uno ha amado y confiado, hoy sé lo que es desgarrar el pecho de dolor y de gritos de impotencia, ¿Cómo este mundo puede vivir con tanto engaño?.

A partir de ese día mi rostro cambió, le llamé por teléfono a mi suegra diciendo lo que había sucedido, que sus hijas no me respetaron y que su hijo me había engañado con otra mujer, ella me dijo que no podía hacer nada, que así son todos los hombre, que las perdonara, porque todas se portaron como unas ignorantes. Luego le hablé por teléfono a mi mamá, pensando ella si me va a comprender, me va a decir, véngase mi hija a vivir conmigo y deje por fin a ese hombre, ya que a mi mamá, nunca le había gustado del todo mi esposo; más de una vez, me había dicho que lo dejara, que ella me apoyaba, con mis hijos en lo que se pudiera;... entonces me acorde de sus palabras y le llame; Mi mamá me dijo: ¡A que caray hija! No te aflijas, soporta todo, mira, esto que tu esposo te hizo, es normal, todos los hombres son iguales, además, eso es jabón que no se acaba, nada le pasó a él, nada te pasará a ti, sigan adelante juntos, porque el día que tú te casaste con él, yo no estuve en total acuerdo, pero tú lo hiciste de todos modos, ahora aguanta ya tienes 4 hijos, es muy pesado para una mujer con 4 hijos salir adelante, pues que te puedo decir, me duele lo que te hizo, pero tienes que superar esto, ya que me dices que te pide perdón, perdónalo, porque no hay otro camino a seguir. Cuando colgué el teléfono pensé: Ahora sí, no tengo a nadie, ni mi propia madre que antes me decía que lo dejara sin motivos grandes, ahora que tengo un gran motivo, no me quiere apoyar porque tengo muchos hijos. Hubo personas de la misma Iglesia que me aconsejaban que lo dejara, pero no me extendían la ayuda, lo que yo quería era que mi suegra o mi madre me dijeran déjalo que yo te apoyaré, pero no fue así, al verme sola sin nadie que me ayudara, no me quedó otra más que esperar, esperar en Dios que movimiento tenía el que hacer, para calmar mi dolor y desesperación que parecían no tener fin.

Capítulo #19

¿Qué hacer.?

Hubo una persona que sí se tomó el tiempo de escucharme más, de darme el concejo correcto, ella era la fiel amiga, la que siempre me siguió hasta mi nuevo domicilio, para hablarme del amor de Dios, ella era mi prima política, de la que ya hablé antes, le dije: ¿Como podré superar esto?, porque ni siquiera sé ¿Cómo actuar? o ¿Qué hacer?, mi vida se ha derrumbado, ¿Qué hago? como siempre; ella me contesto, con sabiduría: las personas siempre se van a lo fácil, algunas te han aconsejado que lo dejes, yo diría que no, que luches por tu matrimonio, la vida está llena de obstáculos, El apóstol Pablo mando una carta a los Corintios, hablando sobre este tema: *Porque el marido incrédulo es santificado por la mujer, y la mujer incrédula en el marido; pues de otra manera vuestros hijos serían inmundos, mientras que ahora son santos. pero si el incrédulo se separa, sepárase; pues no está el hermano o la hermana sujeto a servidumbre en semejante caso, sino que a paz nos llamó Dios. ¿Porque qué sabes tú, oh mujer,, si quizá harás salvo a tu marido? ¿O que sabes tú, oh marido, si quizá harás salva a tu mujer? Primera de Corintios 7:14 al 16.,* Cuando ella me leyó poco entendí, pero mi esposo se la pasaba pidiendo perdón, y eso le sumaba a él estas escrituras a su favor, donde dice: *que si él se quiere separar, pues que me separe;* pero en el caso mío él no quería separarse, el buscaba la reconciliación, se veía que estaba arrepentido, también me llamó la atención donde decía: *¿Qué sabes tú, oh mujer, si quizá harás salvo a tu marido?*, eso se me quedó grabado en la mente y en todo mi ser, como que me entró un gran coraje con el enemigo de nuestras almas, y pensé si me divorcio, se lo voy a dejar libre al enemigo, si no me divorcio, tengo la esperanza de que mi esposo cambie, dando su vida a Dios, y así ganaría una batalla espiritual y esa sería mi gran venganza, una alma muy valiosa que es la de mi marido, sirviendo al Dios vivo, que es Cristo Jesús (Jesús el Cristo); le di las gracias a mi prima política, porque por medio de la palabra de Dios, ella fue usada por Dios para que se me abriera el entendimiento, de ¿Qué hacer? ¿Cómo actuar, en mi nuevo papel de esposa guerrera?, porque ahora sí iba a saber lo que es una cristiana en verdad, en guerra espiritual, no solamente una cristiana del montón, **si no guerrera de oración**, peleando algo que me importa mucho, una alma en mi hogar.

Cuántas parejas han pasado por lo mismo que yo, deciden la separación, al paso de los años, se puede ver que los dos, al final de sus vidas deciden servir al enemigo, porque terminan con uno y con otro, sin encontrar el verdadero amor, que las respeten y las valoren como madres y como mujeres, eso lo he visto; recuerde amiga lectora que cada caso es diferente, en el mío, decidí luchar por el alma de mi esposo, no fue fácil, fue paso a paso, conforme pasaba el tiempo, cada día aprendía algo nuevo, sobre cómo poder sobrellevar una carga tan grande, en el propio hogar, comprender que la salida más fácil, y menos dolorosa en este caso sería la separación, pero a la larga la más buena y la más efectiva fue la que yo decidí, quedarme con mi pareja el padre de mis hijos, luchando por vivir en el mismo techo, que es dificilísimo, pero no imposible, porque lo logré, y si lo logré, también usted podrá, pero siga leyendo, para que comprenda qué fue, lo que a mí me dio la fuerza, el valor y el coraje de seguir adelante, después de haber hecho esa decisión de no divorciarme.

Un punto muy importante amiga lectora, después de esto, algo pasó en mí, que el gran amor que le tenía a mi esposo como hombre, desapareció, Cada que me acordaba de él lloraba, pero de coraje, cuando lo veía, en lugar de sentir bonito, como antes, sentía un vacío horrible en mi estómago, como si viera a quien se aborrece, si trataba de acercare a mí, sentía asco, mucho menos que me tocara con deceso de estar conmigo sexualmente,¡ Ho, no!, Eso me causaba repugnancia; lo que yo sentía por mi esposo, no era afecto, cariño, ternura, mucho menos amor, era una mezcla rarísima, inexplicable, por esa razón le decía antes, que el camino más fácil para estos casos es la separación total, porque de esa manera, la sanidad es más rápida sin verse las caras el uno al otro, pero yo ya estaba decidida a luchar por el lado espiritual, aunque yo sentía no amar más a mi esposo. Sabía que tenía que luchar con algo muy fuerte; mi esposo me pedía ayuda, qué ironía, ayuda ¡A mí su esposa!, me decía que no podía olvidar a esa mujer; ahora aparte de orar por mi esposo tenía que pedir a Dios que le quitara esa obsesión, deseo, capricho o cualquier sentimiento que saliera del el corazón de mi esposo, que lo hiciera libre de aquella mujer, que el enemigo puso para destruir el matrimonio; entonces empecé a culpar más que nada, a los demonios del diablo, más que a mi esposo, ni a aquella mujer con la que él estuvo, a sabiendas de que él era casado y tenía hijos y hogar.

Amor falso:

¿Existe el amor falso? Sí, es el amor que hace que la persona sienta el estar enamorada o enamorado de una persona de tal manera, que no le importa las consecuencias, o si hieren a alguien más, aparentemente todo es parte del destino, esas son las palabras que las personas siempre dicen, pero, a decir verdad, se les olvida que existe un mundo espiritual que no se ve, el mundo de las tinieblas, donde habita Satanás y sus demonios, los cuales se dedican ha separar las familias, porque con la separación de las familias ellos tienen más puestas abiertas para trabajar con todos los miembros individualmente y ganar sus almas para la perdición eterna. Ese amor falso parece ser verdadero, se suspira, se clava la imagen en la mente y no se puede explicar porque eso es tan fuerte; pero hoy se los digo, es la mano del enemigo de nuestras almas el que está implicado en esto. No se deje engañar, piense en las consecuencias de este amor, e inmediatamente se dará cuenta que no es normal, Piense más allá en el futuro de su vida ¿Qué pasará?, ¿Cuál será el final de tus días?. Como los aparatos eléctricos piratas, que casi no pesan y duran muy poco, los CDS., DVDS. piratas, que están mal grabados y duran poco, los pantalones, piratas, que son de material corriente, aunque aparentan ser de la marca indicada, pero también duran poco. Las marcas de renombre siempre las han tratado de imitar, porque todo en esto se implica la palabra (robar) ¿qué quiero decir con esto? **que Satanás una de las características que tiene es ladrón, maestro de mentira, especialista en el amor falso o pirata.**

Capítulo #20

La lucha

Desde que descubrí que mi esposo me fue infiel, entró en mí un gran coraje, pero no conmigo ni con mi esposo, sino con el diablo asqueroso, determinando así tener una guerra, una guerra donde mi esposo fuese arrancado de la garras de ese horrible enemigo, así que dejando las niñerías empecé a orara, con mucha convicción y decisión; es verdad que lloraba, porque soy de carne, pero también es verdad que no dejaba de orar ningún momento, oraba sin cesar de mañanas, tardes y noches, tampoco solamente oraba todo el tiempo, sino que también leía la palabra de Dios, sobre todo me dio por leer mucho el libro de los Salmos, ahí encontraba mucha paz, luego me di cuenta que, no me estaba alimentando correctamente, mi cuerpo literalmente, casi no podía caminar, porque me pasaba todo el tiempo, haciendo esto, pero de comer me estaba olvidando, cabe mencionar, que sí atendía a mis hijos, de paso también a mi esposo, pero mi alma estaba triste, mi corazón herido y mi carne no extrañaba los alimentos, tan sólo en pensar en comer se me revolvía el estómago, después de pasar como dos semana sin comer, solamente líquidos, me di cuenta que eso no estaba bien, mi carne se estaba marchitando, al grado de acabar con mi propia vida, aunque leía palabra, aunque oraba, había algo que me faltaba, algo que me hiciera más fuerte, no podía estar todo el tiempo clavada pensando en aquello que mi esposo me hizo, la vida tenía que seguir, entonces, decidí, si no voy a comer, de tristeza y desaliento, voy mejor a pedirle a Dios por mí, por mi rehabilitación, porque estoy siendo derribada, sabiendo e imaginado al diablo que se estaba burlando de mi situación, sentía como que decía el diablo: (ja ja ja acabé con la vida de tu esposo, con el propósito de acabar también contigo, llevando conmigo, no sólo a tu esposo, sino a toda la familia con todo e hijos); yo nunca he visto al diablo, ni sé como es, sé que lo pintan de diferentes maneras, pero de ahí a la realidad, estamos muy lejos de saber come es, solo sé que en mi ser retumbaban esas carcajadas, tal vez, porque mi cuerpo estaba muy débil, pero nació algo dentro de mí unas fuerzas inexplicables, entonces me fui corriendo hacía el auto, tenía ganas de llorar gritando, pero en casa no podía, porque en casa tenía niños, también, vivían cerca los vecinos, por eso no lloraba a grito abierto; manejé hacia un camino aislado, ahí me sentí con valor y grité con todas mis fuerzas y con toda mi garganta: ¡Satanás! ¡No vas a quitarme a mi esposo! Una vez más le grité y le grité: ¡Diablo mentiroso, maestro de mentira! ¡Te odio, te odio, te odio! Lo repetía una y otro vez, parecía que me estuviera escuchando, pero no le daba lugar a que me contestara, era tanto mi coraje, que no me callaba en ningún instante, aproveché ese momento para decirle cuánto lo odiaba, y hacerle ver que Jesús lo derrotó en el calvario, cuando resucitó, que Jesús no está muerto, está vivo en gloria, que Jesús es mi escudo y mi fortaleza, que conmigo no iba a poder hacer nada, porque para eso tendría que derrotar primero a Jesús, pero eso era imposible porque el poder de Jesús es insuperable que lo aceptara así, porque Jesús no me dejaría sola, también le grité: ¡Amo a Jesús, amo a Jesús! y le dije que a él lo odiaba tanto, que no descansaría, hasta ver a mi esposo sirviendo a Jesucristo, porque mi esposo es de Dios, esto se lo grite una y otra vez: ¡Mi esposo es de Jesucristo! ¡Mi esposo es de Jesucristo! ¡Mi esposo es de Jesucristo! Después de algún tiempo, no sé cuánto tiempo de estar gritando con todo mi pecho y garganta hasta quedar ronca, me cansé, pero sentí paz, porque me desahogué, luego con sollozos, me fui a casa, cuando llegué, seguí leyendo la Biblia, encontré un pasaje que dice que los discípulos de Jesús, no podían sacar el demonio de un muchacho, entonces Jesús ordenó que se lo llevaran a él y Jesús le sacó el demonio, luego los discípulos asombrados le preguntaron a Jesús: ¿Qué, que era lo que pasaba? ¿Por qué ellos no se lo pudieron sacar? y Jesús les contestó que este género solamente sale con ayuno y oración; la verdad es que yo no sabía que género de demonio tenía mi esposo, lo único que sé y se me grabó fue lo que Jesús dijo a sus discípulos; así que dije: si me siento tan mal y no he podio comer, voy a transformar las mal pasadas de comida, al ayuno, de esa manera, estaré orando, ayunando y leyendo la palabra de Dios, complementando así, lo correcto, lo que tengo que hacer; recuerdo que esa misma noche comí algo, empezando a hacer las cosas con más responsabilidad; fue así cuando empecé a consagrarme más a Dios, siguiendo así la lucha espiritual, en contra de ese demonio que dominaba a mi esposo que no sé si era uno, o más de uno, lo único que sé es que seguí luchando con fe, esperando el día en que Dios me mostrara su libertad, no fue fácil, hay personas que he conocido que están orando y luchando por su pareja, por 5 años o más yo solamente duré siete meses.

Mateo 17:14 al 21 Cuando llegaron al gentío, vino a él un hombre que se arrodilló delante de él, diciendo: Señor, ten misericordia mi hijo, que es lunático, y padece muchísimo; porque muchas veces cae en el fuego, y muchas veces cae en agua. Y lo he traído a tus discípulos, pero no le han podido sanar. Respondiendo Jesús, dijo: *!Oh generación incrédula y perversa! ¿Hasta cuándo he de estar con vosotros? ¿Hasta cuándo os he de soportar?*

Traédmelo acá. Y reprendió Jesús al demonio, el cual salió del muchacho, y este quedó sano desde aquella hora. Viniendo entonces los discípulos a Jesús, aparte, dijeron: ¿Por qué nosotros no pudimos echarlo fuera? Jesús les dijo: *Por vuestra poca fe; porque de cierto o digo, que si tuvieres fe como un grano de mostaza, diréis a este monte: Pásate de aquí allá, y se pasará, y nada os será imposible. Pero este género no sale sino con oración y ayuno.*

TERCERA PARTE

Capítulo #21

Empieza la guerra

Ya estuvo, ahora sí, empieza la guerra, la guerra verdadera, ya que lo que había pasado hasta ahora eran solamente, las cosas necesarias para empezar la guerra espiritual, la que un día le dije a aquella mujer que andaba con mi esposo, cuando lo descubrí todo, pero que todavía no la empezaba; entonces empecé con los ayunos verdaderos, con disciplina, establecí el horario de ayuno, respetando cada día el horario de comida, conjugando con la oración y la lectura de la palabra de Dios, tratando también de ser siempre amable con mi esposo aunque me sentía morir por dentro, mostrando una cara contraria a lo que sentía, pero esto era parte de mi plan, para también ser sanada de tanto dolor que había dentro de mí, como tratando de convencer a mi misma de que todo estaba ya pasando en mi dolor, así fue como poco a poco iba sanando, sexualmente ablando, para mí, fue lo más difícil.

Concejo: Amiga lectora, sé que sufres hoy, el engaño que ha pasado en tu vida fue grande, tal vez más grande que lo que me pasó a mí, tal vez, él ni siquiera te ha pedido perdón como el mío, pero te invito a que seas valiente; el hacer sufrir tu propio cuerpo, el alimentar tu mente con aquellos recuerdos enfermos, te lastima; yo te invito, de verdad, que coordines tus pensamiento, porque la mente es como la memoria de una computadora, con cámara fotográfica, tristemente, lo que viste, lo que oíste, está ahí, en lo profundo de tú mente, en una área de tu cerebro grabado para siempre, pero mira: Tan solo una computadora; cuando se prende, se tiene que elegir por medio del nombre del documento que se ha de abrir, para leer, o las fotos que se han de apreciar, la película que se ha de mirar, todo tiene su nombre, cuando un día fue grabado ahí y guardado, así que, todo está ahí, pero si tú lo quieres leer, ver, o apreciar lo abres si no, no, hay tantas cosas guardadas en tu computadora que puedes disfrutar lo agradable lo que te hace feliz, ¿No es así? entonces ¿Por qué hemos de abrir en nuestra mente las áreas en nuestro cerebro, que nos lastiman o nos hacen daño?, ¿Cuál es el gusto?, tenga mucho cuidado mi amiga, porque ha habido personas que se obsesionan en abrir, una y otra vez, la misma área del cerebro donde está lo negativo de su vida, donde está el dolor, por años y años y nunca son sanadas de aquella herida, porque la tocan tanto que se la inflaman en lugar de sanarla, deje esa área en paz para que el tiempo se encargue de sanarla, eso es una manera sabia de sanar, de lo contrario se le puede formar el masoquismo, que consiste en tocar siempre el tema que duele porque ha encontrado en el dolor, gozo, ¡Cuidado!, cuídese por esa área, porque al descubrir que se siente gozo con el dolor, se le puede desarrollar más y más hasta llegar a lastimase por si sola para sentir dolor; siendo el dolor parte de su vida. *Ejemplo:* Mi esposo y yo estábamos en una casa de visita, mas bien era una pequeña fiesta, con unos vecinos, ahí conocimos a una mujer, nos acercamos para platicar con ella ya que había mucha gente, nos identificamos luego de platicar un rato, surgió el tema de Dios, ella se interesó mucho en el tema, porque le había dicho a ella una bruja blanca (de esas que dicen que pelean en contra de la maldad de las brujas malas), que tenía dones grandes y que posiblemente si se preparaba, como la curandera le dijo; ella también sería curandera para ayudar a los necesitados, según ella; decía amar a Dios y sus bondades, luego nos sentíamos incómodos, porque la música y tanto ruido, no nos dejaba platicar, así que le sugerí que fuéramos a mi casa, cerca de ahí, ella nos dijo que sí muy contenta y nos fuimos de ahí hacia nuestra casa;

sentados en la sala, seguimos la plática, ella opinaba de ella misma maravillas, mi esposo y yo la escuchábamos, parecía que tenía deseo de hablar, luego me acerqué más a ella, la tome de las manos y le pregunté que si era feliz, que si su vida tenía sentido, que si sentía de verdad que ella tenía el llamamiento de ayudar, de esa manera, al tocar sus manos, ella se estremeció, volteando así mismo a mirarme con temor, luego inmediatamente empezó a llorar y llorar, le preguntaba que por qué lloraba, pero parecía no poder contestar, como que su lengua se contraía, de inmediato mi esposo que en aquel tiempo ya era ministro de Dios se acerco a nosotros, para ayudar, la mujer estada a un lado de mi en el mueble, solamente lloraba y se retorcía feo, tratamos de ayudar, luego de un momento empezó a decir con gran coraje y dolor: ¡Yo no quiero saber nada de Dios! porque ¿Dónde estaba Dios cuando me hicieron tanto daño?, ¡Yo odio a Dios, lo odio!; en estos momentos no se parecía a la mujer aquella sumisa, que nos decía que quería ayudar al prójimo, con sus buenos concejos de curandera, o bruja blanca, con cara de inocente, ahora parecía tener un demonio en su cuerpo que decía odiar a Dios, entices seguimos mi esposo y yo tratando de ayudar, de vez en cuando se escuchaba su voz otra vez, lo único que decía era eso..., le preguntamos que, ¿Qué fue lo que le pasó?, que guardaba con tanto gusto en su mente, que le había dañado ya su corazón, como pudo, dejó salir su voz de nuevo diciendo: Mi padre me violó cuando era tan solo una niña de 5 años, ¿Porque he de amar a Dios?, yo ¡lo odio, lo odio! ¡Porque no me cuidó cuando yo era tan solo una niña inocente!... tratamos mucho de hablar con ella, pero fue imposible, porque ella serraba la puerta, no quería ser libre, amaba tanto ese dolor que no lo dejaba ir, eso era su vida y de eso se mantenía todo el tiempo, entonces al parecer tenía ya en ella un demonio que la hizo odiar a Dios; Estábamos mi esposo y yo en el proceso de ayudarla tratando de echar ese demonio de ella, cuando de pronto llego la vecina anfitriona de la fiesta, con problemas personales armando un escándalo y pues por su puesto se llevó a su amiga con ella. Desde entonces no hemos sabido nada de esa mujer, que no quiso ser libre porque no se dejó ayudar.

Hay muchas cosas negativas que pueden pasar en tu vida, si no abandonas ese pasado, es tiempo de seguir adelante, para empezar una nueva vida; hoy tienes que darlo por hecho, para que poco a poco sea hecho por fin, **pasado.** Después lo recordarás, como yo así, sin dolor, para dar concejos a las que estén pasando por ese valle tan doloroso, y enseñarles el camino a la recuperación. Que sí existe. **Con Dios es posible**.

Capítulo #22

El perdón

PERDÓN: Remisión de la pena merecida, de la ofensa que se recibe o de alguna deuda u obligación pendiente.

Como dije anteriormente, es necesario que des libertad a que salga ese rencor, odio o resentimiento que haya en ti, porque la única persona que se hace daño eres tú misma, también aprender a perdonar, aun cuando la persona que hirió no ha pedido perdón, porque el perdonar es necesario para tener reconciliación personal, o sea que al perdonar, la persona que perdona recibe más beneficio que la que es perdonado o perdonada. (Tan sano como pedir perdón).

El Perdonar trae sanidad, a nuestra alma y por lo consiguiente a nuestro cuerpo, cuando se siente un resentimiento en nuestra mente, es como una flecha que atraviesa el corazón, luego lo alimentamos con otros resentimientos más pequeños que después de eso empezamos a recordar y añadiendo, más y más, el resentimiento se vuelve, rencor, si nosotros no hacemos la decisión personal de sacar es de nuestra mente y de nuestro corazón, poco a poco alimentamos ese rencor hasta hacerlo crecer y crecer llegando así el crecimiento total, dando a luz así **el odio.**

El odio no nace de la noche a la mañana, como muchos lo piensan, aunque en un pleito se griten, ¡Te odio, te odio con toda mi alma! eso no es verdad, solamente es una expresión que sale de coraje temporal, el odio, es algo más serio, que sí existe y es un veneno mortal, que ataca a cualquier persona hombre o mujer de cualquier índole, cuando digo que es mortal es porque lo es; espiritualmente, emocionalmente y físicamente ablando. Hay personas tan orgullosas según ellas que prefieren morir con ese odio que llevan adentro por años, antes de perdonar; odian tanto que hasta han expresado, "prefiero irme al infierno antes de perdonar esa ofensa tan grande", que equivocadas están estas personas.

El curso que lleva el perdón, o sea el tiempo que se lleva para perdonar, es más corto, mucho más corto, que el vivir una eternidad, en tormento en el infierno, no vale la pena el orgullo tonto. Recordemos que Jesús perdono a todos los que lo lastimaron, los que le escupieron, y sufrió ahí como humano.

El orgullo, es uno de los enemigos más grandes que tiene la humanidad, el orgullo nace de cualquier cosa insignificante, el orgullo es hermano de la vanidad, pero el orgullo es más terco, y pegajoso todavía que la vanidad, por el orgullo se han exterminado familias enteras, matando unos a otros entre ellos, ¿Por qué?, por que el orgullo tonto que se atraviesa, no permite que el perdón y el amor tomen lugar en los corazones del ser humano, si el mundo aprendiere a perdonar, viviríamos en otro mundo diferente, pero, tristemente no es así, la vanidad y el orgullo esta en nuestra carne, quien es nuestra principal enemiga para nuestras almas, la carne prefiere alimentare de lo que menos le conviene, pero que le gusta, al sentir vanidad simplemente de un cuerpo bonito, de unos ojos verdes, de algo que vez que otra persona no tiene y tu sí, eso ya está avanzando porque de ahí nace el orgullo, ¡Hay! cuando una persona es orgullosa, que difícil es el perdonar, y como ya dije antes el odio es veneno y el veneno es asesino.

Una persona con odio en su corazón, es una persona amargada, se le pude notar en la manera de platicar, ya sea que sea agresiva, como en la expectativa, para pelear todo el tiempo, o lo contrario, callada introvertida con pocas palabras, como con miedo de ser herida de nuevo, con cara triste todo el tiempo, estas personas no son felices, no actúan normalmente cuando se les pregunta si algo anda mal, si podemos ayudar en algo, todas las veces te contestan negativo, que no tienen nada que simplemente su carácter es así; eso es una gran mentira, pero se cubren, cubren al odio que tienen dentro, lo protegen, han llegado amar aquel odio, porque no lo dejan ir, es su odio, y de nadie más. Cuando el odio es así como lo expliqué, cuando es tan grande que se protege, ese odio es una puerta grandísima para el diablo; el diablo manda a demonios para que tomen lugar en ese cuerpo, para que aquel odio nunca salga de ahí, y la persona queda encadenada de por vida con ese odio asesino.

Concejo: Querida amiga tu que has vivido con este odio por mucho tiempo o tal vez tú que apenas te acaba de suceder algo que sientes que es imperdonable, piensa una vez más: ¿Vale la pena no perdonar? ¿Vale la pena vivir toda una vida con esa espina clavada en el corazón?, ¿Que en cada movimiento que hagas en tu vivir, te lastime y sangre de nuevo una y otra vez? dime: ¿Vale la pena? ...Piénsalo otra vez, cuando te levantas en las mañanas, que sientes el deseo de ponerte de rodillas para orar, para pedir a Dios por las bendiciones nuevas de cada mañana, dime: ¿Qué sientes? La verdad es que sientes vergüenza contigo misma por no poder perdonar, pero algo dentro de ti que te dice: "Está bien no ores, no es tu culpa que te hayan dañado tanto", esa vocecita te hace entender que tú no eres culpable, por lo tanto estás bien ante Dios, que sigas la vida como la llevas, porque solamente has sido una víctima y esa vocecita puede ser ya un demonio que te domina. O tal vez, tú eres unas de las hermanas que van a la Iglesia que se siente bien con Dios, porque le sirves, le amas, pero ese pasado lo llevas guardado, en tu corazón, y como tu fuste la víctima no el victimario, hasta te sientes santa ante los ojos de Dios, pero cuando se te toca ese tema del pasado, se nota en tu rostro que todavía no has perdonado, dime tú, si el día de hoy mueres: ¿Te irás al Cielo, a la gloria con Dios o te irás al infierno siendo ya Cristiana? Piénsalo bien, hoy es tu día para perdonar de corazón, tal vez dices, bueno sí, lo perdono pero no olvido, te diré: Estás en tú derecho de perdonar, en tu derecho de no olvidar, porque como dije antes todo lo ocurrido está grabado en nuestras mentes, el que diga que ya olvidó, es un mentiroso, pero, el detalle esta, en qué manera lo recuerdes, como una historia que pasó en tu vida, como cualquier otra, o con un odio protegido. ¡Cuidado!, vamos a ver lo que la oración del padre nuestro dice, sé, que todas o casi todas las que están leyendo se lo aprendieron algún día, pero no le han puesto correctamente atención a lo que dice, lo vamos a ver, así, como está escrito, como Jesús lo dijo un día que hablaba sobre la oración: se encuentra en el libro de *Mateo 6: 9,10,11,12,13,14 y 15 Vosotros pues, orareis así: Padre nuestro que estás en los cielos, Santificado sea tu nombre. Venga tu reino. Hágase tu voluntad, como en el cielo, así también en la tierra. El pan nuestro de cada día, dánoslo hoy. Y* **perdónanos nuestras deudas, como también nosotros perdonamos a nuestros deudores.** *Y no nos metas en tentación, mas líbranos del mal; porque tuyo es el reino, y el poder, y la gloria, por todos los siglos, Amén. Porque si perdonáis a los hombre sus ofensas, os perdonara también a vosotros vuestro Padre celestial; mas si no perdonáis a los hombres sus ofensas, tampoco vuestro*

Padre os perdonará vuestras ofensas. Lea estas escrituras 5 veces, luego…..Piénsalo otra vez. ¿Es necesario perdonar? ¿Quién se beneficia más? ¿Usted, o el perdonado o perdonada? y por último, piense para que sirve el perdón. y escríbalo, le será de terapia.

¿Es necesario perdonar?

_____

¿Quién se beneficia más si usted o la otra perdona?

_____

¿Para qué sirve el perdón?

_____

_____

_____

¿Es necesario **pedir** perdón?

_____

¿Es necesario pedir perdón también a Dios o solamente al la persona que hicimos daño? y ¿Por qué?

_____

_____

_____

_____

NOTA ESPECIAL:

Puede perdonar, pero, si ha sido sido abusada de una manera **extrema** de cierta persona, aunque la perdone, no permita que comparta su vida una vez más..., mantenga sus distancias, por razones de seguridad.

Capítulo #23

Sexo

Amiga lectora no tengo palabras, que pueda explicar lo difícil que fue para mí, aceptar que la mente de mi esposo estaba ya afectada con los pensamientos de aquella mujer, entiendo que si mi esposo hubiera estado metido en la pornografía, también tendría un gran problema, porque hoy en día hay tantos matrimonios, que se están desbaratando, por esa causa tan grande de la pornografía, sucede que la ven una vez, luego la segunda, después sin darse cuenta se van atando a aquellas acciones que les produce placer, este problema no solamente está en el hombre, aunque el porcentaje es más alto en los hombres, las mujeres si se descuidan, también pueden caer en esa adicción, es tan, pero tan peligrosa, que por eso están saliendo homosexuales y lesbianas por todas partes del mundo, eso es gracias, más bien, *culpa* de la pornografía, distorsionada cada vez más.

Estamos viviendo tiempos difíciles, porque para donde quiera que volteamos hay pecado, por donde quiera que andamos, vemos pornografía, en los anuncios de cerveza, cigarros, sodas, carros, motos y mucho más, el caso es que, tenemos que aprender a vivir con esto a nuestro alrededor, como si no existieran ahí, porque si les ponemos atención, podemos caer en el deseo, el cual nos lleva más allá, si lo seguimos alimentando en nuestras mentes, nos lleva a buscar algo más, es tan fácil encontrarla, que el mundo a estas alturas, su mente ya está dañada, la niñez de hoy ve tanta basura de esta a su temprana edad, que terminan madurando muy jóvenes, pero una madurez podrida, como una manzana cortada verde y madurada a golpes, cuando el joven se casa, si no acepta que tiene problemas adictivos de pornografía, si no se pone en tratamiento, si no se entrega a Cristo, finalmente terminan divorciándose, por la infidelidad, por el descontrol de no saber el significado del sexo, porque tienen la definición errónea, eso es nada más, para darnos idea hasta donde ha llegado la perdición en nuestros tiempos, así que tenemos que cuidar a nuestros hijos, con el uso de la *computadora, televisión, teléfonos celulares, revistas, películas* y los demás instrumentos que hoy en día están a la mano de nuestra niñez, que son muchos.

Ahora pues, la situación con mi esposo era grande, porque no estoy hablando de pornografía, sino, de una sola mujer, una mujer que acapara su mente y al parecer también su corazón, que hacer en esta situación, mi orgullo de mujer se derrumbaba, no podía creer que el amor que todo este tiempo le tuve a mi esposo, se había desaparecido, me inspiraba diferentes cosas menos deseo y amor, tan solo al escuchar la palabra sexo, se me venía a la mente esa mujer con mi marido, ya no podía imaginarme en sus brazos, sentía que era cosa del pasado, aunque nunca los vi juntos, como hay personas, tristemente, que tuvieron una desilusión más grande que la mía, encontrando a su pareja en el acto, recuerdo a una hermana de la Iglesia donde iba, que ella encontró a su esposo en el acto sexual con otra, ella se divorcio, y nunca más la volví a ver en la Iglesia, personas que la conocían me comentaron que ella ya no servía a Dios, definitivamente se alejó de la Iglesia y de Dios, yo no quería que me pasara lo de esta hermana, mi deseo era servir a Dios en las buenas y en las malas, aunque ya no sentía el deseo de reconquistar a mi esposo, tampoco el de estar con él, sentía más bien repugnancia, asco; antes me gustaba su olor de hombre, me gustaba estar a su lado y sentirme la reina de su trono en la cama, porque sexualmente nunca habíamos tenido problemas, él me satisfacía y yo a él, al menos eso es lo que él me decía, y lo que yo pensaba, pero, en esta situación, tan delicada ya no sabía que decir, ni que hacer, sabía, que no tenía él que ir a buscar a aquella mujer, no era necesario para que él me fuera infiel, tan solo el hecho de verlo pensativo, ya sabía que estaba pensando en ella, me daba coraje, pero ¿Cómo hacer que él se olvidara de ella?, ¿Cómo acostarme con él en las noches, sabiendo que estaba pensando todo el tiempo en ella?, Que dilema; los días se me hacían largos, y las noches, más; mi esposo trataba de reconquistarme, pero, ¿Cómo saber si eso que decía era verdadero después de tanta mentira?, ¿Cómo saber si en realidad sentía él algo por mí, si yo sentía que su corazón ya no era sincero porque lo veía confundido?. Cuando por primera vez tuvimos relaciones sexuales, después de todo esto; me levanté y me bañé con mucho asco, recuerdo que lloraba y lloraba en el baño, ¿Qué era lo que sentía? no lo sé, tal vez, el engaño, me hacía sentir poca cosa, tal vez me sentía usada como un instrumento de placer, por el hombre que un día amé; me refugiaba en la palabra de Dios, trataba de leer mucho, como estaba en ayuno y oración, no era grosera con mi esposo, me tragaba todo lo que sentía, esperando el momento de ser sanada de todo el dolor que había en mi pecho; con lo primero que Dios estaba trabajando conmigo, era con mi orgullo, qué duro es saber que eres una mujer de tantas, ser parte de las engañadas; es importante saber que entre meneos se hable del tema, entre menos lo revivamos es mejor, porque el tiempo se encarga de sanar estas heridas, poco a poco. Así que como había hecho la decisión de perdonar a mi esposo, me hice a la idea de que ya lo había perdonado, traté poco a poco de tener relación con él, y como lo dije antes todo fue cuestión de tiempo y deseos de olvidar y de perdonar, hasta que por fin llegue el momento de darnos cuenta de que hemos perdonado, no solamente de labios, sino que también de corazón; recordando, el pasado, para darnos cuenta de que Dios es grande, que si me pudo sacar a mí de esto, también puede sacarte a ti, todo es cuestión de que quieras perdonar, con todo tu ser, pidiendo la ayuda a Dios, porque Dios es amor y él es el Dios del perdón. **Sigue, ni un paso atrás.**

Capítulo #24

La humillación

Tuve que aceptar que ya no era aquella mujer, que caminaba orgullosa de la mano de su esposo pensando dentro de mí: "Yo no soy igual a las demás mujeres, porque mi esposo es diferente a todos los hombres, él me es fiel, porque me quiere, él no tiene ojos para otra mujer porque yo acaparo toda su atención", no, pues sí, claro; la verdad, es que cuando me casé con él tuve muchos problemas, mi familia me decía que porque me casaba con él, que, ¿Qué fue lo que le vi?, porque, según ellos, mi esposo no era atractivo, también, chaparro, tartamudo y más muchos defectos que mi familia encontraba en él, entonces recuerdo que yo les contestaba molesta; que bien, me alegra que no sea atractivo, así tengo la la seguridad de que no me va a engañar, porque yo, solamente yo lo veo atractivo porque lo quiero mucho, tendrían que usar mis ojos para verlo como yo veo, así que déjenme en paz; había en mí eso, siempre decía mi esposo no me engañara jamás, solamente yo me pude enamorar de él ¡Hay! pero, no fue así, no le tuve que prestar mis ojos a esa mujer, para que tuviera que ver a mi marido, que ironía.

La humillación es parte del proceso para alguien que quiere servir a Dios de corazón, porque Dios no quiere, no acepta a un corazón altivo, orgulloso, a estos corazones Dios los mira de lejos; pero Dios no rechaza a un corazón contrito y humillado, como estaba en oración,

Dios quiso también tratar conmigo, porque Dios me ama, cada día me sigue limpiando de tantas imperfecciones humanas; También creo que fue necesario que sucediera esto por 2 cosas.

La primera: Dios, quería usar mi vida, era importante que esa área de mi vida fuera humillada, para poder aconsejar a las mujeres, para dar mi testimonio de lo que me pasó, dando así ánimo, consuelo y esperanza a las mujeres que nunca han a sido libres de ese dolor, ciertamente quedan cicatrices, pero que importa, si las cicatrices, significan la sanidad de una herida, cuando alguien pregunta sobre esas cicatrices, podemos contestar con libertad, que fue lo qué les ocasionó la herida, aprovechando el momento, se puede explicar la medicina, cómo fue que Dios la sanó, haciendo que la mujer comprenda, que el dolor por el que han pasando, es pasajero, que si Dios hizo un gran trabajo curando en mí la herida, también lo hará con las demás.

La segunda: Dios, sabiendo lo orgulloso que era mi esposo, era necesario también trabajar con su vida, porque cada que yo le hablaba de Dios, siempre me decía las mismas palabras, para no seguir la conversación, recuerdo que yo esperaba el momento, cuando estábamos contentos, aprovechaba, para hablar de la palabra de Dios, él, con un gesto raro y arrugando la ceja, decía estas palabras **"hay ya vas a empezar, tan a gusto que estábamos"**, pero no me enojaba, se me hacía chistoso, me daba risa, porque siempre era la misma contestación, la verdad que cada que empezaba a hablar de Dios ya casi esperaba su respuesta, pero eso no me quitaba el hablarle cada que había la oportunidad; lo que también él decía, yo no le debo nada a nadie, tampoco estoy en pecado, no tengo nada que Dios me perdone, déjame yo así estoy bien; mi esposo necesitaba sentirse culpable de algo, avergonzarse de algo, su orgullo era grande. Pero después de que fue descubierto que tenía algo oculto, después de saber que había hecho algo que no estaba bien, ni ante Dios ni ante mí como esposa; fue descubierto, entonces, ya no podía decir, "YA VAS A EMPEZAR, TAN A GUSTO QUE ESTABAMOS", ahora le podía hablar de Cristo y él se quedaba callado, hasta se atrevía a hacerme preguntas sobre la Biblia, sobre el perdón, sobre lo que lo agobiaba, y ahí estaba yo para contestar a sus inquietudes, porque quería quedar bien conmigo, para merecer mi perdón, se comportaba bien como si quisiera cambiar su manera de ser, así que aprovechaba yo la situación para que comprendiera, que solamente Dios podía ayudarlo en el cambio que él deseaba. Una cosa que empecé a hacer con él era: Que me dejara escuchar mi música cristiana, escuchar las predicciones de la radio, ya que antes, si llegaba a casa y me encontraba, escuchando alguna predicación en la radio o grabadora, inmediatamente lo apagaba haciéndose el enojado; hoy en nuestro nuevo trato, me respetará todo eso. **Yo tenía él control**.

Capítulo #25

La amenaza

Mi esposo de vez en cuando recibía llamadas telefónicas de gente que yo no conocía, luego se iba diciendo que a trabajar, eso sucedía a diferente hora del día, pero ahora que ya había sido descubierto lo de la mujer, resulta que un día recibió una de esas llamadas, se acercó a mi despacio, luego habló conmigo, casi en susurro, me dijo que tenía que ir a hacer uno de los trabajos que de vez en cuando hacía, pero que tenía un problema y que era grande, como lo vi preocupado pregunté que, qué pasaba, entonces me confesó algo más: lo que pasa es que tengo que ir a la frontera, a traer un encargo, me pagan por traerlo, pero, cada que traía estos encargos, siempre iba conmigo ella, tu sabes, bueno, el caso es que tengo que ir de nuevo, te estoy abismando para que no te enojes; claro, inmediatamente le contesté y no suave: ¿Qué? Me estás informando que vas a salir con ella, que poca vergüenza tienes, ya me habías pedido perdón ¿Qué te pasa? No me puedes hacer esto, me prometiste que cambiarías, no, no no, esto no puede estar pasando, dime que no lo harás, dime que no te la llevaras, si tanto te urge ese trabajo del que hablas, vete sólo; Luego el movió la cabeza diciendo no, luego dijo: No es lo que tú piensa es que tengo que traer algo ilegal a San Diego, la única manera que lo puedo hacer es llevando conmigo a una mujer, para que no se vea sospechoso que un hombre solo viaje, Ahora sí, me entiendes? pero ya te pedí perdón, tu sabes que solo te quiero a ti, fíjate nomás, no me estoy yendo sin decirte, te lo estoy informando, como ella es la única que se anima a hacer esto conmigo, pues ella siempre está dispuesta, pues a ella me la llevo; ¿Qué? no puede ser, ¿Me estás insinuando que te acompañe?; Luego él me dijo que esa era la idea, si no lo acompañaba yo automáticamente él se tenía que llevar a ella, también me dijo que, ya no se podía hacer para atrás, porque ese viaje estaba preparado desde antes que yo lo descubriera en su infidelidad y si no lo hacía, se metía en problema gravísimo.

Mi pecado o…..:

Mis amigas lectoras, me fui con mi esposo, siendo yo cristiana, creí en las palabras de mi esposo, que me prometió que esta era la última vez, que solamente se dedicaría después de esto a trabajar localmente, sabiendo que esto era mal ante los ojos de Dios y ante las leyes de este mundo, aun así lo hice, sé que no tengo excusa, aunque él me amenazó que se iría con la otra, pero yo quería cortar por completo la comunicaron de ella con mi esposo, lo único que hice fue acompañarlo, no sé que trajo, ni quiero saber, pero me sentía mal ante los ojos de Dios, pero mi esposo tal como lo prometió, nunca más lo volvió a hacer. Gracias a Dios.

Amigas, sean más sabias que yo, no hagan algo como esto.

Capítulo #26

Día especial

Después, de todo lo que estoy contando, nos robaron una camioneta, afuera de un taller mecánico, mi esposo tenía todos, absolutamente todos sus cassettes de música que él escuchaba ahí, en esa camioneta que él siempre usaba, entonces en esa semana el necesitaba salir por ahí, en algunos de sus negocios, porque todavía le faltaba cambiar en algunas cosas; bueno pues el caso es que él no tenía carro y tuvo que usar el mío, el único detalle era que mi esposo parecía que traía la música por dentro, siempre le gustaba manejar escuchando música, y todos sus cassettes de música que escuchaba se habían quedado en la camioneta que se perdió, por lo tanto, no le quedó otra más que poner en el estéreo del carro el primer cassette que encontró ahí, pero como el carro y los cassettes eran míos, la música era mía también, por lo tanto la música era cristiana, dice mi esposo que el canto que escuchó se llamaba: Rebelde, que cuando lo empezó a escuchar sintió un escalofrío, luego, ganas como de llorar, de inmediato se acordó de mí, que en esos momentos me encontraba en la Iglesia en un día de oración; entonces en lugar de ir a donde tenía pensado ir, se dio la vuelta dirigiendo el auto hacia la Iglesia donde me encontraba; cuando llegó, traía en su cuerpo los efectos de droga, al mirar que las personas que estaban ahí reunidas estaban orando, llorando y otras ablando otras lenguas; como dice en el libro de Hechos cap.2; mi esposo pensó entre sí: "estos están más drogados que yo"; luego después de sentarse unos minutos en una banca de atrás observando todo, se levanto para ir al baño, ahí, tomó cocaína y se la introdujo por la nariz, luego, cuando se sintió preparado, se dirigió hacia el santuario otra vez, se sentó en el mismo acierto, pensando entre sí: "Ahora ya estamos iguales de locos"; un joven que lo vio, se acercó, lo invitó que fueran hacía el altar, mi esposo le contestó que no, que él estaba bien, que no le hacía falta nada, luego metiendo su mano el bolsillo del pantalón sacó una paca de billetes diciendo: Mira traigo mucho dinero, pero él joven insistió, que fueran a pedir a Dios por su familia, mi esposo le dijo: No, mira mi esposa está ahí y mis hijos también, como vez, no necesito nada, aquí estoy bien, él joven insistió, luego, para que él joven lo dejara de molestar, pasó al altar con él, él muchacho joven se puso de rodillas, luego mi esposo lo vio, se puso de rodillas también, él joven levantó sus manos, mi esposo lo miro, también él las levantó, luego él joven le dijo: pide por lo que quieras, Dios te ayudará, mi esposo le contestó: No necesito nada, luego mi esposo observó alrededor y dijo: con voz baja, quiero ser como ellos, quiero sentir como ellos, como en cuestión de 5 a 10 segundos que mi esposo dijo esas palabras, con sus manos levantadas, dice mi esposo que sintió, algo muy feo que salía de él, saliendo desde su estómago hacia la ultima punta de sus dedos, sintiendo en el paso que su pelo se le paró como espinas, pero, cuando quiso reaccionar y decirle algo al joven que estaba a su lado, no pudo, porque de inmediato sintió que algo caliente entraba en él, llenado todo su cuerpo, de una manera suave y hermosa, sin que él pudiera explicar empezó a llorar y llorar, al mismo tiempo que sentía aquello, también escuchaba a los demás que estaban ahí orando; cuando todo se terminó cuando había silencio de los demás, él todavía seguía sintiendo aquello, luego de un tiempo más abrió sus ojos, él joven le preguntó, que cómo se sentía, mi esposo le contestó: Bien, muy bien, me siento como nuevo; dice mi esposo que al empezar a mirar a su alrededor, no fue como cuando entró, sino que veía todos los colores bonitos, incluso me miró a mi, y me comentó que: Que bonita era, ¿Cómo pues?, le dije: ¿No te habías dada cuento que era bonita?, Me dijo: Perdóname, por todo lo que te he hecho sufrir, perdóname porque se me había olvidado lo bella que eres, te quiero mucho, luego me abrazó llorando una vez más, pero esta vez de sincero arrepentimiento.

Dios es real;

Esto que estoy contando es real, porque sé que Dios es real y verdadero, no miento, Dios hizo un cambio extraordinario en mi esposo, cuando salimos de la Iglesia no hacía otra cosa mas que mirar el cielo y todo a su alrededor, diciendo que todo era bello; tristemente, como mi esposo estaba haciendo drogas, no tenía el tiempo de voltear hacía arriba, tampoco de mirarme directamente a los ojos, ciertamente, mi esposo acababa de nacer, porque para él todo era nuevo, abrazaba a sus hijos con amor sincero y a mí también, aunque sabía que Dios era real, de todas formas no podía yo salir del asombro de ver el rostro mi esposo, con aquel brillo especial, siendo una nueva criatura, ese día sentí que el pasado para nosotros era eso precisamente, pasado, porque nos esperaba una vida nueva, que Dios tenía preparada para nosotros era la vida en Cristo. Vivir sin Cristo es vivir con problemas chicos y grandes, es luchar para sobrevivir solos. Vivir con Cristo es vivir con problemas chicos y grandes, pero, no se lucha solos tenemos a Dios de nuestro lado, como amigo, abogado y como todo, aunque parece a veces que no nos escucha, como que tarda en contestar, no tenemos que desesperarnos, Dios llega a tiempo y fuera de tiempo él es Dios y conoce nuestros pensamientos, nuestra fuerza y nuestra debilidad.

¡Dios es real.!

Capítulo #27

LA Transformación

Unos meses atrás antes de que sucediera este día especial, mi esposo estaba cayendo cada vez más bajo, con el huso de drogas, la verdad que cuando empezó a andar con la mujer que me engañó, ahí se empezó a drogar junto con ella, más y más, mi esposo también empezó a descuidar los trabajos tan buenos que tenía, que cuando llegó este día especial que llamo yo, el ya solamente tenía un trabajo en el restaurante, pero a partir de ese día del que les estoy contando, mi esposo dejó de usar las drogas automáticamente desde ese día, la verdad, ese mismo día llegó de la Iglesia tiró a la tasa del baño la cocaína, yo no sabía que en mi casa había drogas, pero ese día lo supe, bueno pues, resulta que como ya no hacia drogas, tuvo uno que otro problemita por ahí con un patrón, uno de los que siempre le gustaba hacer drogas junto con mi esposo, así que perdió el único trabajo que le quedaba; como mi esposo tenía nueva vida, ya no hacía tratos por ahí raros o ilegales como antes; no faltó alguien por ahí que le tocó la puerta para ofrecerle trabajo deshonesto, tampoco una llamada telefónica ofreciendo trabajo que ya no quería hacer, sin embargo, el dinero lo estaba necesitando urgentemente, estaba entrando en la formación de un buen cristiano, porque no es fácil ser buen cristiano, cuando se vive en la carne, pero como mi esposo quería servir a Dios, tuvo que pedir a Dios por ayuda, claro siempre estaba yo ahí a su lado para orar juntos, es por esa razón que muchos se dicen ser cristianos y no lo son, porque cuando llegan las pruebas, vienen las debilidades, la desconfianza en quien hemos creído; entonces muchos caen en la trampa de Satanás, aceptando las ofertas en medio de la necesidad, siendo luego, cristianos falsos, los cuales hacen lo mimos que hace el que no sirve a Dios, pero la única diferencia es que van a la Iglesia de los cristianos aparentando serlo, pero no lo son; le doy gracias a Dios que nos dio la fortaleza de seguir adelante, sin que mi esposo tuviera que volver a hacer algo que a Dios no le agradara, pues parecía que todo se nos venía abajo, se terminó el dinero; aquel dinero que antes le gustaba presumir, no más dinero; ahora que mi esposo quería vivir una vida honesta y en orden con su familia, parecía que se le cerraban todas las puertas, hubo días que ya no teníamos ni comida en casa, pero también la gloria de Dios se empezó a manifestar en nuestras vidas. Más de una vez, aparecían bolsas de comida, en la puerta de la casa, nunca supimos hasta la fecha de hoy, quién las llevaba, sospechábamos de aquel hermano, que una vez estuvo precisamente ahí en nuestra puerta, que fue a llevar unos cassettes para que yo los escuchara, cuando estaba enferma y que mi esposo lo corrió y le serró la puerta, diciendo (aquí no hay de piña), pero nunca confirmamos que fuera él; un día llego una vecina en el parqueadero de nuestra casa, pidiendo ayuda para bajar de su cajuela un gran mandado de comida de todo, pero cuando digo un gran mandado, es por que era mucha comida buena, como carnes de todos tipos, tortillas, verduras, leche, queso y hasta un pastel, todo fresco, ese día de verdad que ya no teníamos nada en el refrigerador, pero Dios que todo los sabe, nos envío a domicilio a una vecina de ángel. Otro día llegamos a casa de la Iglesia y encontramos un sobre con dinero en la puerta; estas cosas eran necesarias que nos sucedieran, para que nosotros tuviéramos fe en Dios quien todo lo suple, lo que pasa que como humanos que somos, hay momentos que nos desesperamos, pero Dios siempre llega a tiempo.

Concejo: Amiga, tú que estas pasando por algo así parecido, que sientes que ya no puedes más, que no vez la respuesta de Dios en tu problema, que tal vez tampoco haya comida en la mesa para la familia, no te desesperes Dios todo lo ve, todo lo sabe, cuando menos lo esperes, la gloria de Dios se manifestará en tu necesidad, solamente confía en él, y espera, como humanos tendemos a llorar, llora si eso te hace sentir bien por el momento, desahoga tu pecho que es bueno para tu cuerpo, recuerda que después de la tormenta siempre viene la calma. Recuerdo cuando tenía que ir a la Iglesia con mis tres pequeños, que difícil era para mí cargarlos al final del servicio, porque se me dormían, pero aun así, no me di por vencida, al final tuve mi gran recompensa, la gran victoria, que mi esposo se convirtiera de sus malos caminos a Cristo. **Paciencia amiga si se puede.**

Capítulo #28

El soñador

Con ese trabajo parte de tiempo que tenía mi esposo, un día le comento al pastor, que a él le gustaría tener una camioneta blanca y una Librería Cristiana, claro que el pastor le contestó, que solamente era un soñador, con lo que ganaba no podría hacer sus sueños realidad, pero mi esposo no se puso triste, porque dijo, bueno seré un soñador, pero sé que Dios es grande y ¿Por qué no?, si Dios conoce mis deseos y es poderoso, tengo la fe que algún día me los concederá. Cuando tuvimos la necesidad de un auto, fuimos a donde los venden, les mostramos lo que teníamos y nos dieron una camioneta blanca, mi esposo estaba muy contento, como un niño mi esposo se puso muy contento, por fin tenía la camioneta blanca que tanto había soñado, pero esto al pastor que le había dicho que era un soñador, no le toco verlo, porque ya se había movido a vivir a otra área, continuamos con nuestra vida cristiana, tratando de vivir una vida agradable ante los ojos de Dios, luego sucedió lo inesperado, un accidente automovilístico, pero gracias a Dios que no fue nada grave para la familia, raspones moretones, y la camioneta blanca dañada, oh no, mi esposo estaba triste su familia toda lastimada del accidente, pero bueno, dice la palabra de Dios que todo lo que le pasa a sus hijos es para bien, resulta que el seguro de la camioneta nos dio una cantidad de dinero, suficiente para arreglar la camioneta y para rentar un local para poner la librería que mi esposo estaba soñando, aunque sobro muy poquito para comprar la mercancía, pero pues mi esposo estaba dispuesto a luchar para llenar su negocio de muchos cassettes de música cristiana, muchas Biblias, muchos libros, muchos mensajes positivos; antes de abrir llamó a los cantantes que conocía, algunos de ellos le donaron cassettes, para que empezara, luego se acordó que aquel pastor que un día le había dicho soñador, era especialista en hacer los letreros en las vidrieras de los negocios, así que le llamo, para que viniera a hacer los letreros, también los hermanos de la Iglesia donde nos congregábamos nos ayudaron, para organizar todo para el día de la gran apertura; recuerdo cuando mi esposo le llamo al hermano para que viniera a hacernos el letrero en la librería, el se sorprendió mucho, le dijo que no lo podía creer pero que vendría a hacerle los letreros; cuando él llegó y miro que todo era real, se sorprendió mucho, luego mi esposo le recordó lo que el le había dicho antes sobre que era un soñador, luego mi esposo lo dirigió hacia el parqueadero y le mostró su camioneta blanca, el hermano se quedó tan sorprendido que le pidió perdón a mi esposo, por haber dudado. Anunciamos la apertura por radio, cuando las personas llegaron y vieron el surtido que teníamos de material, algunas se reían, porque era muy poco, teníamos acomodadas y organizadas en las paredes y en medio, repisas de maderas, pero el 98% vacío, pero nuestra fe en que creceríamos era tan grande, que no nos dio vergüenza. Fue pasando el tiempo; llego un momento en que todas aquellas repisas de madera se llenaron, que ya teníamos invertido ahí muchos miles de dólares, porque eso fue de aumento en aumento, tuvimos la oportunidad de conocer muchos cantantes, productoras de música cristiana, Pastores y muchos distribuidores de artículos cristianos, éramos felices ¿Qué podía ir mal?, mi esposo sirviendo a Dios, en este tiempo ya teníamos 4 hijos y estaba yo esperando otro. Dios conoce el deseo de nuestros corazones.

Capítulo #29

El descontrol

Cuando pensábamos que ya estábamos acomodados, relajados, con nuestro trabajo o negocio, de pronto nos piden el edificio; ¡quedamos descontrolados! pero así es este país, la mayoría de lo que poseemos es rentado, no había nada que pudiéramos hacer, así que entregamos el edificio, recuerdo que teníamos en la sala de nuestra casa cajas y cajas de mercancía, desde un separador de libro hasta cuadros muy grandes, aquello estaba invadido; luego nos movimos de área, alguien nos habló de un lugar en Indio California, que va mucha gente a vender, y muchos compradores, al aire libre, aquí en USA se llaman Swap- meet, flea market ay quienes le llaman pulga, otros tiendas al aire libre, creo que en español es tianguis, pues decidimos tratar de vender ahí nuestra mercancía, que era mucha, para sorpresa de nosotros, se vendía, la gente pasaba y decía, es la primera vez que veo a alguien vendiendo este material en estos lugares, fue así que empezamos a salir adelante, que empezamos a trabajar de esa manera. Tenemos ahora mismo 16 años, hoy en día ya hay más personas vendiendo esto en esos lugares, a muchos de ellos nosotros mismos les surtimos material, también hemos sugerido a personas que hagan ese trabajo en diferentes partes de Estados Unidos y lo siguen haciendo, todavía con éxito.

Al irnos a otra área dejamos de ir a la Iglesia como estábamos impuestos, lo que teníamos que nos unía a Dios, era esta conexión de lo que vendíamos; tristemente mis hijos y yo que íbamos a la Iglesia casi todos los días, nos empezamos a imponer a ya no ir a la iglesia, fue una temporada muy difícil para mí, donde muy seguido lloraba de tristeza, porque vivíamos en un lugar que le dicen el Desierto Alto, me sentía sola, extrañaba el área donde vivía antes, de pronto me ponía a pensar que nadie me quería, porque allá sentía todo frío espiritualmente hablando, me empecé a volver amargada, corajuda, parecía que me estaba olvidando de que realmente era yo una hija de Dios. Entre al colegio para estudiar (Real State) vendedora de vienes raíces. Compramos unos apartamentos de 4 unidades, también 2 casas; recuerde que en este país solamente tenemos casa si seguimos pagando los pagos mes tras mes. De las 4 unidades: el apartamento 2, 3 y 4 estaban rentados a familias ya de 3 a 5 años, a las mismas familias, por lo tanto, eso era bueno, pero el apartamento # 1 estaba desocupado; resulta que le renté a una mujer sola el apartamento #1, pero a los meses llegó su esposo que estaba en la cárcel; pues resulta que él hombre que salió de la cárcel, que vivía en el apartamento # 1, se le ocurrió meterse a los otros 3 apartamentos y robar las propiedades de las personas inquilinas; ¡Qué barbaridad!, luego los 4 inquilinos de las 4 unidades, se pelearon entre sí, y decidieron no pagar renta, de esto no teníamos la culpa nosotros, pero como no supe hacer las cosas legalmente para sacarlos de las viviendas, perdí los apartamentos por falta de pago, mientras que ellos vivieron ahí gratis hasta que el Banco los sacó.

Luego cuando sucedió el atentado de las torres gemelas, el famoso 11 de Septiembre mi esposo perdió el trabajo que tenía en aquel tiempo, yo con las ventas de las casas me empezó a ir mal, hubo cambio de personal en la compañía que trabajaba y los que eran mis patrones se fueron a otra área, los que se quedaron a cargo, no nos quisieron pagar lo que nos debían, los que se fueron; hubo un descontrol totalmente mal; también con los celos que ya le habían nacido a mi esposo de nuevo, todo se me hacía difícil; luego el banco nos tuvo que quitar otra casa. Dejé el trabajo de vienes raíces y empezamos a vivir solamente con las venta del swap-meet. (tianguis), todo se empezó a poner difícil, no solamente aquí, también en todas las partes del mundo. Yo empecé a tener problemas con mi esposo, el siempre se veía tranquilo y confiado, parece que el problema era yo, que empecé a ver todo negativo. Esto regularmente sucede cuando se deja de ir a la iglesia.

    ¡Cuidado!

Capítulo #30

El descuido

Cuando una persona empieza a no congregare, cuando las cosas de este mundo empiezan a ser la prioridad, cuando poco a poco se quita la costumbre de ir a la iglesia y de no alabar con Dios, cuando uno empieza a sentir que no es necesario congregarse como antes, es porque algo ya anda mal, e inconscientemente, nos empezamos a alejar de los hermanos de la iglesia, para que no nos hagan preguntas, que porque ya no vamos (eso me pasó a mi), poco a poco nos empezamos a enfriar espiritualmente; entonces se empieza a sentir ansiedad, desconfianza, presión, aflicción, angustia, soledad, mucha tristeza, luego viene la baja estima y por último la depresión; cuando la depresión llega es porque la lista de cosas que he puesto, ya pasaron, una a una, la depresión es la culminación de la desesperación e impotencia.

Tenemos que tener mucho cuidado a no llegar a esta etapa difícil, porque esta etapa, tiene que ser sanada de la misma manera en que llegó, despacio.

Hay quienes en la etapa de recuperación han llegado al suicidio. Amiga si usted está pasando por esta etapa, no se sienta mal, no es su culpa, pero abra bien los ojos, puede ser una trampa de Satanás, para que su alma se pierda, recuerde después de la muerte ya nada se puede hacer para salvar su alma, ninguna misa gregoriana, ni ninguna manda, ni nada, absolutamente nada se puede hacer; despierte antes de que el enemigo de su alma toma el control de su vida.

Cuando dejé de ir a la Iglesia, empecé a notar que mi esposo también estaba cambiando otra vez, a ser como antes, claro no igual, pero me refiero a su temperamento, ya empecé a mirarlo con la ceja arrugada otra vez, aunque él trataba de ser bueno con toda la gente, pero yo sentía que ya no era el mismo, aquel hombre que Dios un día me cambió, aquel hombre que Dios me hizo bueno, ya lo estaba perdiendo, me sentía inútil para hacer algo, porque a estas alturas ya me sentía que yo iba costa bajo, como que no me podía sostener; confieso que llegué a sentir algo negativo por los hermanos de la Iglesia Cristiana, al pensar en ellos, los sentía falsos e hipócritas, que decían ser felices y no lo eran, según yo.

Comento esto por si alguna persona está pasando por esto en estos momentos, es increíble, pero sucede, me sucedió; no sé porque, tal vez veía en ellos la luz de Dios en sus ojos, veía en ellos la felicidad, que no podía sentir en esos tiempos; hasta llegue a pensar que todos los hermanos eran falsos, que ninguno era feliz; me encerraba en un cuarto cuando no había nadie en casa; y no hacía otra cosa mas que llorar y llorar.

Había momentos que lloraba tanto que se me olvidaba porque lloraba, pero sentía mucha ansiedad, tenía deseo de rasguñarme, de jalar mi pelo y de gritar; También más de una vez sentí el deseo de salir de mi casa y dejarme perder en el desierto, sabiendo dentro de mí que a nadie le interesaba mi persona, por lo tanto nadie me buscaría, siendo así el fin de mis días (suicidio); solamente pasaba por mi cabeza; nunca fui capaz de hacerlo gracias a Dios, que aunque yo sentía que a nadie le importaba, ahora sé que Dios, siempre estuvo conmigo en todo momento.

Capítulo #31

La separación

Nadie todavía sabe por lo que mi esposo y yo pasamos, lo que pasa es que estuvimos trabajando en un ministerio cristiano grande, pero cuando todo esto estaba pasando, como ya mencioné antes, ya no estábamos trabajando para ningún ministerio, pero lo triste era que ya no estábamos ni siquiera trabajando para Dios de la manera correcta, pero eso sí, nos decíamos ser "cristianos"; aunque dentro de nosotros sentíamos inseguridad, cuando digo sentíamos, es porque un hombre celoso, es porque es inseguro, yo pues ya ni se diga, ya les expliqué cómo me sentía.

Concejo: Hay personas que deciden servir a Dios, en cierta época de su vida, pero al paso de los años se les olvida la promesa que un día hicieron con Dios, se enredan tanto en la vida cotidiana, las deudas, problemas personales, falta de trabajo, enfermedades, que se olvidan de quien es el que les ayuda a salir de sus problemas, es Dios.

Entonces caminan por la vida diciendo soy "cristiano o cristiana" y en el caminar van derramando pecado por todos lados, dando así, un mal testimonio de lo que es *seguidor de Cristo;* por esas razones muchas personas dicen: (si he de ser cristiano como ella o como él, mejor me quedo como estoy), sé que ya escuchó este comentario por ahí algún día. Ahora pues, este concejo es (para los que ya dicen ser y no son) los cristianos que no van caminando conforme Dios. *Mire la Biblia en*

Mateo 12:43,44 y 45 dice: Cuando el espíritu inmundo sale del hombre, anda por lugares secos, buscando reposo, y no lo haya. Entonces dice: volveré a mi casa de donde salí; luego, la halla desocupada, barrida y adornada. Entonces va, y toma consigo otros siete espíritus peores que el, y entrados, moran allí; y él postrer estado de aquel hombre viene a ser peor que el primero. Así también acontecerá a esta mala generación.

Eso me estaba pasando a mí, poco a poco, pero no me daba cuenta.

Satanás es sutil, trabaja poco a poco en la mente de las personas para en el momento llegado, para de pronto dar el golpe, una vez que ya tiene a su víctima atontada de tantos golpecitos, empieza a maquillar cual será el golpe grande, para por fin apoderare de las almas preciosas de Dios; como una víbora atrapa a su presa, primero la busca con hambre, luego la acorrala, después cuando ya hizo contacto con los ojos, la adormece, y muchas de las veces la presa hasta entra sola hacía las mandíbulas de la víbora. Así también trabaja el enemigo de nuestras almas para conseguir nuestras almas que él ya sabe que pertenecen a Dios. Por eso tenemos que tener mucho cuidado con nuestra baja estima, porque por ahí puede empezar.

Recuerde valemos mucho para Dios, y nosotros también nos debemos a dar a valer.

De pronto recibí una llamada telefónica de México; mi madre estaba muy grave; entonces tuve que salir a México de emergencia.

Cuando estuve en México, nadie supo lo que mi matrimonio estaba sufriendo; un poco le comenté a mis 2 hermanas, por si algo pasaba estuvieran ellas enteradas, la verdad que yo sentía que mi matrimonio estaba ya destruido; tan solo el pensar en volver a casa con mi familia me dolía la barriga. Después de mucho tiempo, ahora me sentía libre en mi México. También tenia coraje con mi esposo porque, él ya no quería volver a vivir en Mexico y a mí Estados Unidos nunca me gustó para vivir, solamente para trabajar de temporada y luego regresar, pero él no podía vivir en Mexico porque quería ganar dólares y eso me dolía muchísimo, no me sentía comprendida por él, claro todo esto flotaba en mi cabeza, ahora que ya no servia a Cristo como antes, ahora que ya no me congregaba en la Iglesia como antes, y por su puesto ahora que estaba lejos ya no quería regresar, porque como tenia depresión; resulta que acá en Mexico, como no tenia responsabilidades, pues me sentía sana según yo.

Lo que no sabía que ya Satanás me había puesto la mirada, para hacerme caer en sus redes y atraparme como la serpiente, usando los supuestos resentimientos que tenia con mi esposo. Con el plan que el enemigo tenia conmigo, yo solita iba a caminar hacia las mandíbulas de la serpiente con los ojos adormecidos.

Capítulo #32

La trampa de Satanás

El enemigo ya había estado trabajando con mi vida, por culpa de un descuido que tuve, al dejar de congregarme en una Iglesia, por lo tanto a estas alturas yo ya estaba débil, lista para que diera el último golpe y destruyera mi vida por completo, tenía muchas puertas abierta ya, la amargura y el desamor, me habían inundado, y al estar en mi México me sentía libre, de toda responsabilidad, parecía que podía respirar diferente, mi familia no me preguntaba sobre la Iglesia o sobre los hermanos, no tenía presión alguna, ni quería volver a mirar el rostro de mi esposo más, lo único que recordaba *era su ceja arrugada,* que yo llegué a detestar, con esos ojos de enojado, a veces no tenía que decir nada, solamente mirarme, para que yo me sintiera intimidada por él; no más, ahora en mi México era libre, libre, libre.

En una de esas tardes, estando en mi cuarto sola pensando, me levanté y busqué en el directorio, el teléfono de mi primer novio que tuve a los 16 años de edad, para mi sorpresa él me contestó el teléfono, no podía entender lo que mi corazón sintió, todo lo que había sentido cuando era joven empecé a sentir; siempre pensé: ¿Que pasaría si algún día lo volviera a ver?, pero nunca pensé que el solo echo de escuchar su voz, me hiciera despertar el pasado de esa manera. Quedarnos de vernos para platicar de nosotros, de qué había sido de nuestras vidas. El día de la cita era para mí como un sueño, mi corazón latía como una colegiala, pero no había nada que me impidiera tener aquel reencuentro. En efecto el encuentro fue bonito, platicamos de nuestros hijos, de nuestras vidas; él era divorciado con un hijo; yo casada con 6 hijos; no le platiqué por lo que estaba pasando, al contrario, le dije todo lo bueno de mi vida; ya al despedirnos nos dimos unos besos de despedida; también me dijo que se quedó con deseos de tener otro hijo, que lo pensara y que él me estaría esperando. Luego me comento que estaba enamorado de una joven mucho menor que él, pero que se fue a Estados Unidos y que no había sabido de ella por algún tiempo, también me dijo el nombre de ella, sentí mucho coraje y celos pensé entre mí ojalá que nunca más vuelva; luego me dio un número telefónico de una persona que podría darme información de ella acá en Estados Unidos. También me dijo que pensaba que esa muchacha jamás regresaría a él, porque le había robado dinero antes de irse; así que me sugirió que me quedara a vivir con él, que no lo volviera a dejar, pero le dije que no podía tenía que regresar con mi esposo, que si era posible me divorciaría, luego me regresaría a México con él, me dijo que él me estaría esperando ya que yo había sido el amor de su vida, en su juventud. Así que me regresé a casa con mi esposo, toda atarantada, esa es la palabra correcta. Aunque no tuvimos relaciones sexuales, aún así, me sentía sucia, ante Dios, el haber engañado a mi esposo no me molestaba, porque a estas alturas, pensé que esa era la oportunidad para dejarlo, ya que tenía mucha presión en casa, sentía, que me ahogaba, también me sentía incomprendida y abandonada por mi propio esposo; Aunque yo sabía que eso estaba mal, muy mal, porque yo era una mujer casada y "cristiana"; sin embargo, le estaba fallando a mi esposo y sobre todo a Dios. Uno de mis grandes errores lo encontré aquí en *Apocalipsis 2; 5 y 5 dice: Pero tengo algo contra ti, que has dejado tu primer amor. Recuerda, por tanto, de donde has caído, y arrepiéntete, y haz las primeras obras; pues si no, vendré pronto a ti, y quitaré tu candelero de su lugar, si no te hubieres arrepentido.* Pero esto lo leí mucho después.

Capítulo #33

El regreso a casa

Es increíble, pero, cuando venía en el avión, ya venía decidida a decirle a mi esposo toda la verdad, porque entre nosotros no teníamos ningún secreto, pero no me importaba lo que mi esposo pensara, dijera o hiciera conmigo, la verdad que entre más se enojara él, mejor para mi, así se me hacían más fáciles las cosas para regresarme a México y reunirme con mi ex-novio, que nunca habíamos tenido intimidad, porque él siempre me respetó; a este novio, casi toda mi familia lo conocía, porque fuimos novios con permiso de mi madre, en el tiempo de mi juventud; pero la decisión que estaba yo a punto de hacer, no tenía nada que ver con eso; lo que pasaba era que yo tenía problemas con mi esposo y parecía que esta era la solución para salir de ellos, de mi vida amargada y sola; (como siempre que se hace algo que no ensambla en la vida, se busca una excusa, pues yo, ya tenía la mía). Es curioso pero, no me preocupaban los niños, porque mi esposo era buen padre; pensaba que para mi era mejor tomar el riesgo de irme que quedarme a morir seca de amor en mi propia casa. Al encontrarme en el aeropuerto, con mi esposo me abrazó muy cariñoso, pero yo no sentí nada, me era muy indiferente, por supuesto que él se dio cuenta; en el camino él me platicaba, pero yo callada; luego de pronto sacó en la conversación de que él ya sabía que yo había visto a mi ex; entonces aproveché para afirmarlo, luego inmediatamente le pedí el divorcio con mucha convicción. La verdad es que no sé cómo se dio cuenta mi esposo, porque lo veía muy tranquilo, pero yo esperaba una reacción diferente, en cierta manera me molestó, porque yo quería que me gritara o me pegara, para tener la gran excusa de dejarlo, pero mi esposo tan inteligente, no lo hizo así; con sabiduría me preguntó qué fue lo que pasó con mi ex y yo, claro que le platiqué afirmando, que quería la separación.

Ya conviviendo en mi hogar con mi familia, no se me quitaba la idea del divorcio, así que le insistía a mi esposo, pero sucedió algo inesperado. Desde que llegué de México encontré a un esposo diferente, amable, comprensivo, cariñoso, atento, pasivo y amoroso; realmente fuera de serie, se parecía al esposo que tuve antes, al que Jesús cambió un día, al que luché por que cambiara, al hombre que yo amaba, al que tanto necesitaba, pero que por cosas de la vida se había olvidado de que yo existía; ante esta situación me empecé a sentir avergonzada de lo que yo quería hacer, pero no se lo demostraba, porque yo ya tenía la decisión, ya andaba buscando a alguien para que me ayudara con el divorcio, porque esto iba en serio, no veía nada que me hiciera cambiar de decisión ni sus buenas atenciones no, no... muy tarde.

Pero mi esposo cambiado; me regalaba flores, me preguntaba muchas veces que si estaba bien, si necesitaba algo, estaba al tanto de mis movimientos y de mis deseos, trataba de reconquistarme en lugar de pelear; esto se me puso más difícil de lo que planeé; cuando estábamos en confianza él me hacía preguntas sobre mi ex, que si lo quería, que si esto o lo otro, yo le decía que sí lo quería, pero que pronto me regresaría a México para reunirme con él.

Mi esposo empezó pues esa tarea de reconquistarme, pero parecía no funcionar, porque yo no dejaba de pensar en el otro, mi mente se perdía, a veces me hablaba, pero no contestaba, caminaba como sonámbula, como si estuviera hipnotizada. A la verdad si estaba hipnotizada, porque alrededor de mi cabeza solamente circulaba el rostro de mi ex, de día y de noche; también lloraba de ganas de verlo, se me había hecho una obsesión, a veces andaba con los ojos inflamados y mi esposo se acercaba a mi, tratando de confortarme, como si estuviera de acuerdo, de lo que mi engañado corazón sentía, y el trataba de abrazarme y de confortarme, ¡Guau! Estaba tan sorprendida de su actitud, pero el tenía algo entre manos, aunque no me lo decía, solamente, me comentaba de vez en cuando: estoy orando por ti, para que seas libre; pero esas palabras me herían grandemente, me retiraba de él, cada que él me decía que estaba orando por mí, eso era para mí como un flechazo en el pecho que sentía, me incomodaba tanto, que hasta sentía ganas de vomitar, luego sentía odiar a mi esposo mucho más.

Capítulo #34

La liberación

Un día mi esposo se sentó a mi lado con mucho cariño, luego sutilmente empezó a hablar de lo que yo sentía por mi ex, luego me empecé a incomodar, le dije que ya me dejara en paz que yo ya tenía mi decisión hecha, pero él continuaba haciendo más preguntas, algunas las contestaba otras no, pero él insistía en seguir preguntando más y más sobre lo que yo sentía por mi ex; mi corazón empezó a latir cada vez más fuerte, empecé a sentir mucho coraje y odio por mi esposo, cada que escuchaba su voz o lo miraba a la cara, sentía deseos de rasguñarle o hacer algo para herirlo, todo eso de estar cerca de él me molestaba bastante, así que me quise levantar, pero él me abrazó y empezó a llorar, diciendo: Mija ¿Por qué no entiendes que te amo? Que no te quiero perder, te amo, te quiero, esto que siento por ti es muy grande, más grande que lo que aquel hombre pueda sentir por ti, probablemente, después de un tiempo él te va a dejar por otra más joven, y te vas arrepentir de haberme dejado; cuando mi esposo decía todo esto, el me tenía completamente abrazada no me dejaba mover, me sentí atrapada con su fuerza y empecé a llorar yo también, pero de rabia y de impotencia porque no me dejaba escapar de sus brazos, lo empecé a patalear y gritar: ¡Suéltame que me lastimas!; Luego nos caímos los dos al piso y seguimos forcejando ahí abrazados; bueno el me abrazaba y yo luchaba, sentía ganas de poder zafarme de su fuerza para lastimarlo de alguna manera, pero no podía zafarme, cada vez sentía odiarlo mas, luego le gritaba: ¡Suéltame te odio, suéltame te odio!; Luego me empezó a decir suavemente al oído, yo te amo, te amo, me llamaba por mi nombre muchas veces diciendo: te amo; cuando él me decía eso, parecía que me dolía todo el cuerpo, mi cerebro lo sentía caliente cada vez más, porque mientras yo forcejaba, él no paraba de decirme cuánto me amaba, él llorando yo también, él de amor yo de rabia, nuestras lágrimas se mezclaban. Él se determinó a no soltarme, ningún momento; oh, no cuánto lo odiaba, empecé a hacer unos sonidos horribles, porque al no poder zafarme de sus brazos, solo lloraba y gemía, ya ni siquiera le decía que me dejara en paz, como no me hacía caso, di por llorar y gemir, pero mis gemidos eran muy grandes y raros, todo esto lo recuerdo completamente, en ningún momento perdí el conocimiento. Mi esposo me abrazaba muy fuerte, también lo escuché orar, reprender y atar los demonios mandando que se fueran al infierno, que me dejaran, y reclamarme como hija de Dios y como su esposa; pues más rabia sentía, pero, ni modo no me podía escapar, estaba atrapada en sus brazos fuertes; me besaba toda la cara diciendo te quiero, perdóname por no haber sabido valorarte, te quiero, perdóname; mientras yo le decía, ¡te odio!.

No sé cuánto tiempo pasó, él orando y diciendo cuánto me amaba, cuando de pronto me quedé callada y quieta, luego él suavemente me fue soltando y preguntó: ¿Como te sientes? Me le quedé mirando a los ojos y le contesté bien. Los dos estábamos muy cansados, luego de quedar los dos como un minuto mirándonos las caras y callados, mi esposo me dio un beso en la boca y yo no me opuse, me sentía rarísima, de verdad, como cuando se despierta de mañana, no puedo explicar de qué manera me sentía, pero sí puedo decir que en ese momento recordé lo bueno que había sido mi esposo desde que llegué de México y que yo no lo merecía, todo lo que había hecho para reconquistarme, y lo grosera que me había portado con él, luego sentí una gran ternura al mirar su rostro, sintiendo muchas ganas de llorar, pero esta vez no de rabia, sino de sentimiento, por mí, por él, no lo sé, pero empecé a llorar de nuevo, luego mi esposo me abrazó suavemente, y me dijo al oído, llora te hace bien, entonces pues lloré más y más entre llanto le pedí perdón una y otra vez, él contento me abrazaba con amor, muy suave, dándome uno que otro beso en todo mi rostro; luego me contestó, sí te perdono, tú no tuviste la culpa, fue el enemigo que te tenía atrapada, pero ya fuiste libre, no te voy a dejar sola, te lo prometo.

Después de que pasó todo esto, mi esposo buscó la oportunidad de platicar conmigo, sobre la experiencia que él había tenido cuando yo estaba en México.

Me dijo que tuvo un dolor muy fuerte en el pecho, que pensó que moriría de un ataque al corazón, cada que pensaba en mí y sabia que algo malo me estaba pasando. Entonces decidió ponerse a cuentas con Dios, pedir perdón a Dios por todo y se puso en ayuno y oración. Luego tuvo un sueño que cuando yo llegaba del viaje, la que llego fue una gran culebra o víbora, que abría la boca de una manera gigante, porque se lo quería comer a él. Que él oró y oró tanto hasta que esa gran culebra, se convirtió en una niña pequeña vestida de blanco. Pero no contaba con que lo que yo traía era un demonio o demonios muy pesados, que ya habían tomado el control de mi vida y de mis pensamientos y decisiones.

Cuando llegué, a él no le tomó nada en sorpresa mi actitud; solamente siguió sacando día a día más cosas sobre mí, para ver hasta donde había llegado mi pecado, pero él seguía ayunando y orando, porque sentía una gran responsabilidad, un compromiso conmigo, y tenía que encontrar el día y la hora para hacer la liberación.

Hoy en día le doy gracias a Dios, por mi esposo guerrero, que no se dejó vencer por el enemigo, sino que luchó, no solamente por mi alma, sino que también por su esposa, eso me recuerda lo que un día hice por él; aunque nunca se lo cobre.

Concejo: Me gustaría que en estos momentos un hombre esté leyendo esta parte de mi libro, porque entonases comprendería que si se puede perdonar a la esposa, no solamente la esposa al esposo; cuando se sirve al Dios vivo, Dios tiene cuidado de sus hijos y les da la salida. Esposo, si tu esposa te ha sido infiel y sientes que no tienes las fuerzas para perdonar, entonces tú eres, el que tiene el problema aun más grande que el de ella, porque ella necesita de ti, así como yo necesitaba de mí esposo y no lo sabía; es importante que le preguntes a Dios qué hacer, sé que Dios está dispuesto a contestar y a apoyarte en tu decisión de perdonar, así como Dios perdona a su Iglesia amada.

Dios en su infinita misericordia me ha perdonado una vez más. Hoy le sirvo con todo mi corazón, con todas mis fuerzas y con toda mi alma.

Después cuando me sentí recuperada llamé al teléfono que me había dado mi ex, y encontré a la muchacha, hablé con ella y le dije que se comunicara con él, porque él todavía la estaba esperando, que él la quería mucho. de ahí en adelante no sé qué pasó, porque no he vuelto a ver a mi ex, ni pienso hacerlo en un futuro, porque ya fui libre, agracias a *Dios,* y a *mi esposo* que se dejó usar por Dios. Sé que cualquier otro hombre hubiese dejado perder a su esposa por esto; y de seguro que yo me hubiera perdido en el mundo, por consecuencia también mi alma en el infierno.

Capítulo #35

Los hipócritas

Sé que va a ver controversia, sé que muchos hombres al leer dirán que mi esposo fue tonto, se que existen y existirán comentarios negativos sobre mi persona por esto que escribí, a la verdad esto ha sido un secreto entre mi esposo y yo, lo que se me hace irreal. Cuando una mujer comete un error como el mío o tal vez peor, el hombre cuando perdona, la mayoría de las veces le gusta que quede esto en secreto, sin embargo; en el caso contrario, o sea que el hombre engaña a la mujer, parece ser que el hombre habla de su error con más libertad que la mujer, porque esto de que el hombre ha engañado a la mujer, a surgido desde los tiempos antiguas de nuestros abuelos, cuando la mujer tenía que callar la boca y soportar todo; bueno amigo o amiga, no se trata de soportar, se trata hoy en día de arreglar el problema, si es que se puede, si es que hay esperanza; yo diría que la esperanza existe, porque Dios existe.

Los hipócritas que se creen perfectos, dirán que la mujer cuando hace un error no tiene perdón, porque ellos no son capaces de perdonar. Los hipócritas que se creen perfectos, de seguro me mirarán con ojos de juicio, porque el hipócrita, siempre tiende a poner su mejor cara ante la sociedad, ante la Iglesia, ante la familia y ante sus amigos, pero lo triste es que el hipócrita tiene una doble vida, porque todo lo que aparenta ser; en la vida real vive otro estilo de vida, con otra personalidad, y lo más triste es que no acepta que necesita ayuda de Dios. Lo que es peor hay hipócritas que se dicen ser hijos de Dios que van a la Iglesia, pero como se sienten perfectos, su trabajo es el criticar; estas personas en la Biblia son llamadas cizaña. Porque en lugar de ayudar estorban en el crecimiento de la Iglesia.

Hay hombres que su esposa los ha dejado, se han ido con otro hombre; al paso de unos meses esa mujer regresa a él, arrepentida, llorando, pidiendo perdón, queriendo ver a sus hijos; pero el hombre que se dice ser hijo de Dios, no la acepta, ni siquiera como amiga, porque a estas alturas, él ya envenenó la mente de sus hijos, diciendo a sus hijos, que su madre no les quiere, que su madre es mala, que su madre se irá al infierno, con Satanás por lo que hizo.

Sinceramente creo que esos hombres necesitan más ayuda que la de su esposa; porque si la esposa regresa arrepentida, creo que ella se merece la oportunidad de ser perdonada; porque si Dios perdona; ¿Quiénes somos nosotros para no perdonar? Creo sinceramente que cuando ella llega al esposo a pedir perdón, es porque está dispuesta también a pedir perdón a Dios, y rehacer su vida, con su pareja y sus hijos; ¡ha! pero, una vez más ahí aparece el orgullo tonto, el de no saber perdonar, pero al final de cuentas el que sale más dañado es él, porque si no perdona, tampoco el será perdonado por sus acciones pecaminosas por el Señor de los Cielos; y de paso su mente queda dañada por el resto de su vida, también la vida de sus hijos. Padres enseñen a sus hijos a perdonar, para que sean perdonados.

NOTA: El saber perdonar, trae paz en nuestra mente, en nuestros corazones y en nuestra alma. El perdonar trae una añadidura muy especial, si se aprende a perdonar, entonces también podemos esperar el perdón de Dios y de los que ofendemos.

En una ocasión le trajeron a Jesús una mujer que fue encontrada en adulterio, para ver qué opinaba Jesús, porque conforme a la ley de Moisés; esas mujeres tenían que ser muertas a pedradas, pero Jesús les contestó: *EL QUE DE VOSOTROS ESTE SIN PECADO SEA EL PRIMERO*

EN ARROJAR LA PIEDRA CONTRA ELLA, pero ellos siendo pecadores y acusados por su conciencia, se fueron uno a uno, hasta quedar solamente Jesús y la mujer, Jesús luego le

preguntó a la mujer: ¿MUJER, DONDE ESTÁN LOS QUE TE ACUSABAN? ¿NINGUNO TE CONDENO?. Ella dijo: Ninguno Señor. Entonces Jesús le dijo: NI YO TE CONDENO; VETE, Y NO PEQUES MAS. Puede usted leer este relato en el libro de Juan capítulo 8 versos 1 al 11.

REFLEXIÓN:

Aprenda a perdonar, para que sea perdonado, por Dios y por sus seres queridos...¿COMO PIDE SI NO DA?.

Marcos 18 21 al 35

Entonces se acercó Pedro y le dijo: Señor ¿cuántas veces perdonaré a mi hermano que peque contra mi? ¿Hasta siete? Jesús le dijo: **No te digo hasta siete, sino aun hasta setenta veces siete.**

Los 2 deudores

Por lo cual el reino de los cielos es semejante a un rey que quiso hacer cuentas con sus siervos. Y comenzando a hacer cuentas, le fue presentado uno que le debía diez mil talentos A este, como no pudo pagar, ordeno venderle, y a su mujer e hijos, y todo lo que tenía, para que se le pagase la deuda. Entonces aquel siervo, postrado, le suplicaba, diciendo: Señor ten paciencia conmigo, y yo te lo pagaré todo. El señor de aquel siervo, movido a misericordia, le soltó y le perdonó la deuda. Pero saliendo aquel siervo, halló a uno de sus consiervos, que le debía cien denarios; Págame lo que me debes. Entonces el consiervo, postrándose a sus pies, le rogaba diciendo: Ten paciencia conmigo, y yo te lo pagaré todo. Mas él no quiso, sino fue y le echó en la cárcel hasta que le pagase la deuda. Viendo sus consiervos lo que pasaba, se entristecieron mucho y fueron y refirieron a su señor todo lo que había pasado. Entonces, llamándole su señor, le dijo: Siervo Malvado, toda aquella deuda te perdoné, porque me rogaste. ¿No debías tu también tener misericordia de tu consiervo, como yo

tuve misericordia de ti? Entonces su señor, enojado, le entregó a los verdugos, hasta que pagase todo lo que le debía. Así también mi Padre celestial hará con vosotros sino perdonáis de todo corazón cada uno a su hermano sus ofensas.

El pedir perdón:

El saber pedir perdón, es el aceptar que nos equivocamos y que estamos arrepentidos. No todos sabemos esto y si lo sabemos nos es muy difícil el pedir disculpas, porque eso, es humillarse ante una persona, es más, creo sinceramente que es más difícil pedir perdón que perdonar. Tenemos que empezar a practicar esto en nuestra vida, no será fácil pero tampoco imposible, poco a poco seremos personas agradables y humildes ante Dios y ante nuestros seres queridos y amigos. y por último las dejo con un salmo de **la dicha del perdón.**

Salmo 32

Bienaventurado aquel cuya transgresión ha sido perdonada, y cubierto su pecado.

Bienaventurado el hombre a quien Jehová no culpa de iniquidad,

Y en cuyo espíritu no hay engaño.

Mientras callé, se envejecieron mis huesos

En mi gemir todo el día

Porque de día y de noche se agravó sobre mí tu mano; Se volvió mi verdor en sequedades de verano.

Mi pecado te declaré, y no encubrí mi iniquidad. Dije: Confesaré mis transgresiones a Jehová. Y Tú perdonaste la maldad de mi pecado.

Por esto orará a ti todo santo en el el tiempo en que puedas ser hallado;

Ciertamente en la inundación de muchas aguas no llegarán estas a él.

Tú eres mi refugio; me guardarás de la angustia; Con cánticos de liberación me rodearás.

Te haré entender, y te enseñaré el camino en que debes andar;
Sobre ti fijaré mis ojos.
No seáis como el caballo, o como el mulo, sin entendimiento,
Que han de ser sujetados con cabestro y con freno, Porque si no, no se acercan a ti.
Muchos dolores habrá para el impío;
Mas al que espera en Jehová, le rodea la misericordia.
Alegraos en Jehová y gozaos, juntos;
Y cantad con júbilo todos vosotros los rectos de corazón.

DE MUJER A MUJER: FIRMES Y ADELANTE.

Y POR ÚLTIMA PARTE

Los cantos que escribí
inspirados por Dios

CAPÍTULO #36

Mis composiciones

Corazón alegre: fue el primer canto que un cantante cristiano de Guatemala me grabó, la razón por lo que estoy haciendo esto es para que los cantos queden debidamente registrados. El canto *corazón alegre* fue grabado por primera vez en el año 2001, estilo grupera. Por la compañía, *Producciones Israel.*

Corazón alegre

\\Hoy me siento feliz y contento
Cristo ha roto todas las cadenas
que por años y años llevaba en mí.

cicatrices de heridas han quedado;
las heridas él ya ha sanado
el perdón y la vida el me la dio

MI CORAZÓN SE ALEGRA EN EL SEÑOR
AHORA SOY DIFERENTE EL ME SALVÓ //

Se repite…..

Soy mariposa

Estos 9 cantos que voy a escribir fueron grabados por Noemí *Garibay* en el año 2004. En su primer CD. titulado *Soy mariposa.*

Por la compañía, *Producciones Israel.*

1.-SOY *MARIPOSA.(MÚSICA* PARA NIÑOS)

Me ha transformado y él me a dado alas hermosas
soy muy feliz, feliz yo soy entre las rosas
gusano fui, me pisotearon ahora soy libre
para alabar, glorificar a mi creador

\\ SOY MARIPOSA, SOY MARIPOSA
SOY MARIPOSA DE MIL COLORES
QUE SE CONFUNDE ENTRE LAS FLORES//

\\ VOLARE Y VOLARE, Y VOLARE AL CIELO AZUL
PARA ENCONTRARME CON JESÚS//

SE REPITE TODO EL CANTO…..

2.- *ME TOCA TU PRESENCIA*

\\Este es día que Dios formó
me alegrare y me gozaré en su salvación//

\\en su amor yo venceré
los afanes de este mundo con poder//

\\ME TOCA, ME TOCA,
ME TOCA SU PRESENCIA;
ME LLENA, ME LLENA,
SU SANTO ESPÍRITU//

\\Amigo mío ven a alabarle
que su presencia te dará tranquilidad//

\\Es su presencia la que adormece
y no se siente el problema ni el dolor//

\\ME TOCA, ME TOCA,
ME TOCA SU PRESENCIA;
ME LLENA, ME LLENA,
SU SANTO ESPÍRITU//

3.- COMO BUFALO

No tengo miedo voy caminando
en este mundo de falsedad,
porque mi Cristo me va guiando
paso a paso a la verdad

Mis amigos no me comprenden
porque camino con Jesús,
yo les digo que sólo en él, está la luz
Soy muy débil pero en Cristo, mi fuerza está
con su poder; como canguro, puedo brincar

COMO BUFALO, COMO BUFALO,
COMO BUFALO FUERTE SOY;
COMO EL AGUILA COMO EL AGUILA
COMO EL AGUILA VUELO YO.
\\NO TENGO MIEDO PORQUE SOY FUERTE
EN SU PODER CAMINO YO//

No tengo miedo voy caminando
en este mundo de falsedad,
sé que mi Cristo me va guiando
paso a paso a la verdad.

Con mi fe cuida de día
y de noche de todo mal,
puedo dormir sabiendo que
conmigo el siempre estará.

COMO BUFALO, COMO BUFALO,
COMO BUFALO FUERTE ESTOY;
COMO EL AGUILA COMO EL AGUILA
COMO EL AGUILA BUELO YO.
\\NO TENGO MIEDO PORQUE SOY FUERTE
EN SU PODER CAMINO YO//

4.- *YO TENGO UN HEROE*

Yo tengo un héroe, yo tengo un héroe,
yo rengo un héroe, que tiene poder;
yo tengo un héroe, yo tengo un héroe,
yo tengo un héroe, que se llama Jesús.

Es tan grande, es tan grande,
es tan grande, que no lo puedo alcanzar
es tan pequeño, es tan pequeño
es tan pequeño, que vive en mi corazón

\\EL ES MI HÉROE, EL ES MI HEROE,
EL ES MI HÉROE Y CON EL YO VOLARE//

\\No Superman, no hombre araña,
él no me engaña yo vuelo con Jesús//

Es tan grande, es tan grande,
es tan grande, que no lo puedo alcanzar;
es tan pequeño, es tan pequeño,
es tan pequeño, que vive en mi corazón.

\\EL ES MI HÉROE, EL ES MI HEROE,
EL ES MI HÉROE Y CON EL YO VOLARE//

5.- *TENEMOS EL MISMO DIOS*

Tengo un Dios poderoso, poderoso, poderoso,
tengo un Dios milagroso, milagroso, milagroso,
tengo un Dios que me ama, que me ama, que me ama.
Y el tuyo ¿Cómo se llama?

Se llama Jesús, se llama Jesús,
el mío se llama Jesús.
El mío también, el mío también
el mío se llama Jesús

\\TENEMOS EL MISMO DIOS,
SOMOS HIJOS DEL MISMO REY,
TENEMOS AL MISMO PADRE
Y JUNTOS CANTAMOS A EL//

Tengo un Dios poderoso, poderoso, poderoso,
tengo un Dios milagroso, milagroso, milagroso,
tengo un Dios que me ama, que me ama, que me ama.
Y el tuyo ¿Cómo se llama?

Se llama Jesús, se llama Jesús,
el mío se llama Jesús.
El mío también, el mío también
el mío se llama Jesús.

\\TENEMOS EL MISMO DIOS,
SOMOS HIJOS DEL MISMO REY,
TENEMOS AL MISMO PADRE
Y JUNTOS CANTAMOS A EL//

6.- *RESIBE MI OFRENDA.* (JUVILO)

\\Caín ofrendaba, Abel también
al Dios poderoso, al Dios de Israel//

\\Caín ofrendaba, Abel también
al Dios poderoso, al Dios de Israel//

HOY QUIERO OFRENDAR A EL TAMBIÉN,
AL DIOS PODEROSO AL DIOS DE ABEL.
HOY QUIERO OFRENDAR A EL TAMBIÉN,
AL DIOS PODEROSO AL DIOS DE ISRAEL.

Como Abel, como Abel,
como Abel te daré lo mejor de mí,
como Abel, como Abel,
como Abel, bendíceme también.

RICIBE MI OFRENDA, MIS DIEZMOS TAMBIÉN;
¡HO! DIOS PODEROSO, ¡HO! DIOS DE ABEL.
RECIBE MI OFRENDA, MIS DIEZMOS TAMBIÉN,
¡OH! DIOS PODEROSO, ¡HO! DIOS DE ISRAEL

Como Abel, como Abel,
como Abel te daré lo mejor de mí
como Abel, como Abel,
como Abel, bendíceme también

SE REPITE TODO EL CANTO…..

7.- *SOY PEQUEÑA.*

Soy pequeña, soy pequeña
pero me gusta alabar a Dios,
y aunque tengo pocos años
yo se que tengo un Salvador.

Y algún día me iré con él
es por eso que le alabo hoy,
y aunque tengo pocos años
con Cristo un día volaré.

SOY PEQUEÑA, SOY PEQUEÑA Y AUNQUE PEQUEÑA,
TENGO A A CRISTO EN MI CORAZON
SOY PEQUEÑA, SOY PEQUEÑA Y AUNQUE PEQUEÑA,
SOY GRANDE, GRANDE, GRANDE PARA DIOS

Soy pequeña, soy pequeña
pero me gusta alabar a Dios
y aunque tengo pocos años
yo se que tengo un salvador

Y aunque el mundo se oponga
por fe un día le veré
y aunque tengo pocos años
con Cristo un día volare

SOY PEQUEÑA, SOY PEQUEÑA Y AUNQUE PEQUEÑA,
TENGO A A CRISTO EN MI CORAZON
SOY PEQUEÑA, SOY PEQUEÑA Y AUNQUE PEQUEÑA,
SOY GRANDE, GRANDE, GRANDE PARA DIOS

8.- *MI DECISIÓN.* (ADORACION)

Hoy vengo contenta, a entregarme contigo,
estoy preparada, lo he decidido
a entregarte mi alma completa,
a seguirte Señor toda la vida.

Tu santa palabra me hace cantar,
al oír tu voz me hace temblar,
esto si es amor de verdad,
en ti estaré por la eternidad.

ESE GOZO QUE SIENTO HOY
NO ME LO QUITARÁ (AA) N,
HAS ABIERTO TUS BRAZOS A MI
Y NO ME PUDE NEGAR (AA)A...

Que nadie critique es mi decisión,
el aquel día querrán, pedirle perdón
con gozo y alegría, serviré al Señor,
nunca me arrepentiré, es un honor.

Tu santa palabra me hace cantar,
al oír tu voz me hace temblar,
esto si es amor de verdad,
en ti estaré por la eternidad.

ESE GOZO QUE SIENTO HOY
NO ME LO QUITARÁ (AA) N,
HAS ABIERTO TUS BRAZOS A MI
Y NO ME PUDE NEGAR (AA)A...

9.- *TE HAS QUEDADO:*
   (*escrito* por mi hija de 10 años, Noemí y yo)

Que pasó, que pasó en la tormenta
fuiste firme, pero caíste

te faltó ser valiente
y luchar contra la corriente,
buscar de su presencia
y no, no de la Ciencia.

\\TE HAS QUEDADO, (OUO)
ESTAS LLORANDO (MMM)
Y AHORA ES TARDE (EE),
PARA REMEDIARLO//

Te falto nacer de nuevo
para ser de Dios su hijo,
para entender lo espiritual
y no, solo material

\\TE HAS QUEDADO, (OUO),
ESTAS LLORANDO (MMM) Y AHORA ES TARDE (EE),
PARA REMEDIARLO//

Te falto poner tu mirada
hacia iba con Jesucristo,
confiar sólo en él
y no en el mundo

\\TE HAS QUEDADO, (OUO),
ESTAS LLORANDO (MMM)
Y AHORA ES TARDE (EE),
PARA REMEDIARLO//

Que pasó, que pasó en la tormenta.

Papi vuelve

CANTANTE: NOEMI GARIBAY
Noemí Garibay vol.2.
PAPI VUELVE

Estos 7 cantos que voy a mencionar fueron grabados también por mi hija Noemí Garibay en el ano 2007. En su segunda grabación, titulada. Papi vuelve. Por la compañía, *Producciones Israel.*

1.- *VETE DIABLO FEO.*

No me vengas a rogar, no me vengas a buscar,
no te debo nada;
todo lo que tuve, contigo lo perdí,
me quede sin nada.

Si en un tiempo te serví, ya me arrepentí
y ahora soy feliz,
ahora soy feliz, y ahora soy feliz
Cristo vive en mí.

\\VETE DIABLO FEO, A GRUÑIR A OTRO LADO,
AHORA TENGO A CRISTO QUE ESTA DE MI LADO//

Mis pecados, mi Jesús, con su sangre ya la lavó,
ya me ha perdonado,
no me convencerás, en la roca me paré
no me moveré.

Si en un tiempo te serví, ya me arrepentí
y ahora soy feliz,
ahora soy feliz, ahora soy feliz
Cristo vive en mi.

\\VETE DIABLO FEO, A GRUÑIR A OTRO LADO,
AHORA TENGO A CRISTO QUE ESTA DE MI LADO
VETE DIABLO FEO, A GRUÑIR A OTRO LADO,
AHORA TENGO A CRISTO QUE ESTA DE MI LADO//

2.- *MI CORAZON REBELDE.*

Limpia mi corazón oh, Dios
quiero servirte sólo a ti,
limpia mi corazón oh, Dios
llénalo de ti (ii).

mi corazón rebelde
en contra de ti está,
saca toda basura
que pudriendole esta (aa).

ENGAÑOSO Y PERVERSO, MÁS QUE TODAS LAS COSAS,
ACTUA COMO UN NECIO, NO QUIERE ESCUCHAR;
SOLO TU LO CONOCES, SOLO TU PUEDES ENTRAR,
ESCUDRIÑALO SEÑOR, A TI TE ESCUCHARA.

Día a día lucho con él,
mi corazón de piedra es...
cámbialo mi Dios,
has de carne Señor.

\\ENGAÑOSO Y PERVERSO, MÁS QUE TODAS LAS COSAS.
ACTUA COMO UN NECIO, NO QUIERE ESCUCHAR;
SOLO TU LO CONOCES, SOLO TU PUEDES ENTRAR,
ESCUDRIÑALO SEÑOR, A TI TE ESCUCHARA//

3.- *TE QUIERO MAMÁ.*

A traer estas rosas
he venido hoy Mamá,
esperando que este día
sea de felicidad.

Hoy es un día especial
Dios te quiere bendecir,
también vengo a decirte
que te quiero Mamá.

MI DECEO ES QUE DIOS, COLME DE SU BENDICION
A ESTE HOGAR QUE HAS DEFENDIDO, CON AMOR,
HOY EN ESTE DIA, RECIBE PAZ FELICIDAD;
ESTOS SON MIS DECEOS PARA TI MAMÁ.

Por eso estoy aquí
esperando tu perdón,
pues por mí tú sufriste
pero aquí, ante Dios.

\\MI DECEO ES QUE DIOS, COLME DE SU BENDICION
A ESTE HOGAR QUE HAS DEFENDIDO, CON AMOR,
HOY EN ESTE DIA, RECIBE PAZ FELICIDAD;
ESTOS SON MIS DECEOS PARA TI MAMÁ//

4.- *NAVIDAD.*

El mundo se prepara,
muy felices de verdad
todos chicos y grandes,
celebran la navidad.

Navidad es nacimiento,
en la tierra de Jesús;
déjalo en ti nacer,
nueva criatura serás.

¿Y TÚ QUE LE DARAS?, SU CUMPLEAÑOS SERA,
EL ES EL REY DE REYES, Y SU REGALO ¿QUÉ SERÁ?
PUEDES DARLE TU VIDA HOY, COMPLETO EL CORAZÓN,
NUEVAS PROMESAS, EN HUMILDE ORACION.

PUEDES DARLE TU VIDA HOY, COMPLETO EL CORAZÓN,
BUENAS PROMESAS, EN HUMILDE ORACION.

Navidad es nacimiento,
en la tierra de Jesús;
déjalo en ti nacer,
nueva criatura serás.

¿Y TÚ QUE LE DARAS?, SU CUMPLEAÑOS SERA,
EL ES EL REY DE REYES, Y SU REGALO ¿QUÉ SERÁ?
PUEDES DARLE TU VIDA HOY, COMPLETO EL CORAZÓN,
NUEVAS PROMESAS, EN HUMILDE ORACION.

PUEDES DARLE TU VIDA HOY, COMPLETO EL CORAZÓN,
BUENAS PROMESAS, EN HUMILDE ORACION.

EN ESTA NAVIDAAAAD...

5.- *PAPI VUELVE.*

Desde que te fuiste, mi hogar está triste,
no puedo explicar,
a mis hermanitos, ese gran vacío,
¿Dónde estas Papá?

Lo he pensado mucho, ese gran motivo,
nos dejaste de amar,
no te tardes mucho, porque el tiempo pasa,
podemos crecer.

Yo le pido a Dios que, regreses pronto al hogar
para que todos juntos, una vida nueva empezar.

\\PAPI VUELVE, TE ESTAMOS ESPERANDO,
MAMI Y MIS HERMANOS, A DIOS LE PEDIMOS
DÍA A DÍA POR TI//

(YA NO LLOREN, PAPI VOLVERÁ PRONTO)

Felices momentos que pasamos juntos con Mamá,
todo era hermoso, nunca pensé fuera a terminar,
yo le pido a Dios que, regreses pronto al hogar
para que todos juntos, una vida nueva empezar.

\\PAPI VUELVE, TE ESTAMOS ESPERANDO,
MAMI Y MIS HERMANOS, A DIOS LE PEDIMOS
DÍA A DÍA POR TI//
MAMI Y MIS HERMANOS A DIOS LE PEDIMOS DÍA A DÍA POR TI.

6.- *HOY NECESITO QUE ME DIGAS QUE ME AMAS.*

Hoy necesito que me digas, que me amas,
hoy necesito Señor, oír tu voz
para poder crecer, más y Más,
que me digas hijo mío, aquí estoy.

Envuélveme mi Jesús en tus brazos,
en tu hombro quiero yo, descansar
sacar toda amargura, y juntar
de mi vida los pedazos, oh mi Dios.

EN ESTE MUNDO ME HAN HECHO, SUFRIR Y LLORAR
HOY TU ESPÍRITU SANTO QUIERO, SENTIR DE VERDAD,
DAME MÁS LUZ SEÑOR JESÚS, EN LA OSCURIDAD,
PARA SERVIRTE EN ESPÍRITU Y EN VERDAD

Se repite todo el canto.

7.- *UN POCO DE FE. (JUVILO)*

\\Dios está aquí, sí Dios está aquí//
\\si tan solo puedes creer, también se mueve Dios en ti//
si no lo sientes en ti entonces, pídele a El
que te de más fe podrás sentirlo a Él en ti.

SE NECESITA UN POCO DE FE, PARA MOVER LA MANO DE DIOS,
LA MANO DE DIOS SE MUEVE CON PODER;
PORQUE SIN FE ES IMPOSIBLE AGRADAR A DIOS,
CREYENDO LO QUE NO PUDES VER, COMO SI LO PUDIERAS HOY
TU VER.

Un poco más, verás Dios te quiere bendecir,
empieza a creer, y ya en ti moviendo está.

\\ SE NECESITA UN POCO DE FE, PARA MOVER LA MANO DE DIOS,
LA MANO DE DIOS SE MUEVE CON PODER;
PORQUE SIN FE ES IMPOSIBLE AGRADAR A DIOS,
CREYENDO LO QUE NO PUDES VER, COMO SI LO PUDIERAS HOY
TU VER //

PUDIERAS HOY TU VER, PUDIERAS HOY TU VER,
PUDIERAS HOYTU VEEEEEEER.

Los siguientes 10 cantos, están el el último volumen que hasta el momento ha grabado mi hija Noemí Garibay, es el Vol.3 volumen titulado: Buenos días Espíritu Santo. Grabado el año 2008. También por la compañía *Producciones Israel*.

BUENOS DIAS ESPÍRITU SANTO.

1.- *PAPÁ.* (CUMBIA GRUPERA)

De un hombre muy valiente hoy les quiero hablar,
me ha dado la felicidad, y siempre dice la verdad,
de Dios la palabra a el le gusta hablar
y a veces regaran, le digo Papá.

Agradezco a Dios por ti, todo tu me das
por estar a mi lado, me das seguridad,
el saber que me cuidas de mi y de mi niñez
papá es un privilegio a tu lado crecer.

PAPÁ, PAPACITO ERES MI HEROE Y TE QUIERO CANTAR,
TE ESFUERZAS Y YO SE, EN TI PUEDO CONFIAR
PAPÁ, DE EJEMPLO TU ME DAS, CONTIGO QUIERO CRECER
Y TE ADMIRO, CUANDO CRESCA COMO TU YO QUIERO SER.

Papá te doy las gracias por estar a mi lado,
por limpiarme las lagrimas, y no me has dejado,
juegas conmigo y te ríes de mis chistes,
aunque eres estricto, soy feliz porque existes.

PAPÁ, PAPACITO ERES MI HEROE Y TE QUIERO CANTAR,
TE ESFUERZAS Y YO SE, EN TI PUEDO CONFIAR
PAPÁ, DE EJEMPLO TU ME DAS, CONTIGO QUIERO CRECER
Y TE ADMIRO, CUANDO CRESCA COMO TU YO QUIERO SER.
\\CUANDO CRESCA COMO TU YO QUIERO SER//

2.- *BUENOS DIAS ESPÍRITU SANTO.* (ADORACION)

Andaba buscando, a Dios en mi vida,
cuando supe que, estuvo aquí y se fue
sentí mucha tristeza, y lloré lloré por el,
tan solo al pensar, que el ya se fue.

Quise vivir, el tiempo aquel
cuando caminaba en Jerusalén, conociéndolo a él,
los tiempos aquellos, me hubiera gustado yo vivir...
pero fue inútil, ya no estaba Dios ahí.

BUENOS DIAS ESPÍRITU SANTO, ESPÍRITU DE DIOS,
BUENOS DIAS ESPÍRITU SANTO, ESPÍRITU CONSOLADOR
Y POR FIN EL DÍA DE HOY,TE PUEDO SENTIR

BUENOS DIAS ESPÍRITU SANTO, ESPÍRITU DE DIOS,
BUENOS DIAS ESPÍRITU SANTO, ESPÍRITU CONSOLADOR
Y POR FIN EL DÍA DE HOY, TE PUEDO SENTIR.
Y POR FIN EL DÍA DE HOY...TE PUEDO SENTIR

3.- *UNAMOS NUESTRA VOZ.* (JUVILO)

(Unamos nuestra voz, al Rey cantemos,
Unamos nuestra voz, al Rey adoremos).

Estoy alegre y he venido a cantarle,
estoy alegre y he venido a adorarle.
\\con Salmos de David alabándole,
con Salmos de David glorificándole//

UNAMOS NUESTRA VOZ, AL REY CANTEMOS,
UNAMOS NUESTRA VOZ, AL REY ADOREMOS.
\\EL ES QUIEN NOS VINO A SALVAR,
APRENDAMOS PUES A ADORAR//

Él ha cambiando mi lamento en canto,
él ha quitado mi dolor y llanto.
\\Con Salmos alabadle a El cantando,
con Salmos alabadle a el danzando//

\\UNAMOS NUESTRA VOZ, AL REY CANTEMOS,
UNAMOS NUESTRA VOZ, AL REY ADOREMOS.
\\EL ES QUIEN NOS VINO A SALVAR,
APRENDAMOS PUES A ADORAR////
A ADORAR, A ADORAR.

4.- *MI JESÚS.* (ADORACION)

Por el camino de dolor caminó mi Jesús,
El no quiso que yo muriera, por eso decidió
en las manos de soldados, Romanos él se dio,
pagando así mis culpas, por mí Jesús murió,

La multitud lo seguía, sin tampoco saber
por ellos El moriría, no podían comprender
con grandes clavos, sus manos y pies le clavaron
también su costado, con espada traspasaron.

¿OH, DONDE ESTABA YO, AQUEL DÍA DE DOLOR?
DE SU COSTADO SANGRE BROTO
EN EL MOMENTO QUE EXPIRO, MIS PECADOS EL BORRO;
LO HIZO POR AMOR MI JESÚS.

Su hermoso rostro a golpes, fue desfigurado
El todo soportaba, su espalda chicoteada
fue, humillado por, aquellos soldados
ante su pueblo que, El defendía y amaba

\\¿OH, DONDE ESTABA YO, AQUEL DÍA DE DOLOR?
DE SU COSTADO SANGRE BROTO
EN EL MOMENTO QUE EXPIRO, MIS PECADOS EL BORRO
LO HIZO POR AMOR MI JESÚS//

MI JESÚS.

5.- *USAME (CUMBIA* GRUPERA)

Para pagar a Dios lo que, le debo yo,
tendría que vivir una eternidad, y aun así...
no alcanzaría para pagar, su inmenso amor,
porque es tanto amor, el que me ha dado, mejor me entrego a él

Toma mi vida oh Dios, toma todo mi ser,
empieza Señor a usarme, desde este día
dispuesta a servirte, dispuesta a obedecer,
seré tu esclava oh Dios, tu sierva mi Señor, tu servidora...

ÚSAME PARA HONRA Y GLORIA TUYA, MI SEÑOR,
TOMAME PUES MI VIDA ES LO QUE TENGO DE VALOR;
ÚSAME PARA HONRA Y GLORIA TUYA, MI SEÑOR,
EN TODO MOMENTO, PUES MI VIDA, TE LA DOY.

ÚSAME PARA HONRA Y GLORIA, TUYA MI SEÑOR,
TOMAME PUES MI VIDA ES LO QUE TENGO DE VALOR;
ÚSAME PARA HONRA Y GLORIA, TUYA MI SEÑOR.
EN TODO MOMENTO, PUES MI VIDA, TE LA DOY
PUES MI VIDA, TE LA DOY.

6.- *MI CORAZON SE ALEGRA* (GRUPERA), este canto se volvió a grabar con Noemí Garibay de nuevo, pero esta vez con más letra y diferente música.

\\Hoy me siento feliz y contenta, Cristo ha roto todas las cadenas
que por años y años llevaba en mí,
cicatrices de heridas han quedado, las heridas él ya ha sanado,
el perdón y la vida El me la dio//

MI CORAZON SE ALEGRA CON EL SEÑOR,
AHORA SOY DIFERENTE EL ME SALVO,
MI CORAZON SE ALEGRA CON EL SEÑOR
EL TODAVIA HABLA A TU CORAZÓN

Si tu amigo estás atrapado, pues el camino no has encontrado,
solo en Cristo Jesús lo encontrarás,
ven hoy día a mi Dios humillado, todavía él te esta esperando,
el perdón y la vida él te dará.

MI CORAZON SE ALEGRA CON EL SEÑOR,
AHORA SOY DIFERENTE EL ME SALVO,
MI CORAZON SE ALEGRA CON EL SEÑOR
EL TODAVIA HABLA A TU CORAZÓN

7.- *LIMPIATE MÁS* (CANTO DE REFLEXIÓN)

Si estás en la linea,
toma tu decisión
a quien debes servir,
si al mal o al Señor

Y si estás tú sucio, ensúciate más,
y si estás tu limpio, límpiate más,
frío nunca más serás, de tu alma porque
a Dios has llegado a conocer.

SI ESTAS T IB IO TIBIO TIBIO TE VOMITARE
SI ESTAS T IB IO TIBIO TIBIO TE DESECHARE
SI ESTAS T IB IO TIBIO TIBIO TE VOMITARE
SI ESTAS T IB IO TIBIO, DE MI BOCA TE SACARE.

Ardiente deberías de ser
pues ardiente mi palabra lo es
frío nunca más serás de tu alma porque
a Dios has llegado a conocer.

SI ESTAS T IB IO TIBIO TIBIO TE VOMITARE
SI ESTAS T IB IO TIBIO TIBIO TE DESECHARE
SI ESTAS T IB IO TIBIO TIBIO TE VOMITARE
SI ESTAS T IB IO TIBIO, DE MI BOCA TE SACARE.

8.- *ES LA FE* (CUMBIA GRUPERA)

ES LA FE LA CERTEZA DE LO QUE SE ESPERA,
ES LA FE LA CONVICCION DE LO QUE NO SE VE;
ES LA FE LA CERTEZA LO QUE SE ESPERA,
ES PUES LA FE LA CONVICCION DE LO QUE NO SE VE.

Por la fe Enoc fue transformado para no morir,
por la fe Noe formó el arca a su casa salvar,
Abraham fue probado ofreciendo a su hijo Isaac, por la fe
y Moisés fue escondido por sus padres, por la fe...

ES LA FE LA CERTEZA DE LO QUE SE ESPERA,
ES LA FE LA CONVICCION DE LO QUE NO SE VE;
ES LA FE LA CERTEZA MDE LO QUE SE ESPERA,
ES PUES LA FE LA CONVICCION DE LO QUE NO SE VE.

Por la fe el pueblo dejó a Egipto sin miedo al Rey,
por la fe, pasaron el mar Rojo, confiando en Dios
no temiendo al Rey, Moisés de Egipto se fue por la fe,
y rodearon los muros de Jericó y cayeron por la fe

ES LA FE LA CERTEZA DE LO QUE SE ESPERA,
ES LA FE LA CONVICCION DE LO QUE NO SE VE;
\\ES LA FE LA CERTEZA LO QUE SE ESPERA,
ES PUES LA FE LA CONVICCION DE LO QUE NO SE VE//

9.- *UN MILLON DE ESTRELLAS*

Levanto mis ojos allá,
a lo alto y puedo mirar
un millón de estrellas, que no puedo tocar
noche a noche alumbran, el cielo y el mar

grandes son tus maravillas,
incontables son todas ellas,
mi Dios cuán grande eres tú,
te admiro mi Dios y Señor

DEJAME TOCARLAS SEÑOR
Y SENTIR TU GRORIA EN MÍ,
DEJAME ELEVARME HACIA TI
Y FLOTAR EN TUS BRAZOS SEÑOR.

Me pongo a pensar qué
tan obedientes ellas son,
alumbran el espacio
dándote honra a ti Señor.

DEJAME TOCARLAS SEÑOR
Y SENTIR TU GRORIA EN MÍ,
DEJAME ELEVARME HACIA TI
Y FLOTAR EN TUS BRAZOS SEÑOR, SEÑOR.

10.- *MAÑANITAS A MI MADRE* (CANTO MUY ALEGRE)

Mañanitas a mi madre, hoy le quiero yo cantar,
porque hoy hoy es su día, yo le quiero felicitar,
que Dios Dios le bendiga, también el día de hoy,
porque él le a cuidado, ha Dios gracias le doy.

Antes de yo nacer, me quería conocer,
su amor sin medida, me ayudó a crecer;
cuando enferma estuve, siempre cuidó de mí
las noches enteritas, a mi lado sin dormir.

\\DESPIERTE MADRECITA, HOY LE QUIERO FELICITAR,
QUIERO VER SU CARITA, LLENA DE FELICIDAD,
HERMOSOS PAJARILLOS, EN SU VENTANA YA CANTAN
A LA MADRE MÁS BELLA, DIOS LES MANDO A CANTAR.

MAÑANITAS A MI MADRE, CON GOZO QUIERO CANTAR,
AUN LAS ESTRELLAS POR ELLA, DEJARON DE BRILLAR,
PORQUE HOY ES TU DIA, QUEREMOS CELEBRAR,
EL SOL EMPIEZA A SALIR Y EL NUEVO DÍA A CALENTAR//
CALENTAR, CALENTAR

Capítulo #37

Más composiciones

Los siguientes cantos fueron grabados por primera vez el 2006 por la Compañía Producciones Israel. El volumen 6 del cantante titulado: **Un Jardín de niños.**

CANTO: *TOMA MI VIDA HOY*. De este canto yo solamente compuse el coro *(nota especial el resto, él cantante)*.

Te doy gracias Jesús, por las bendiciones que has dado a mi vida,
cómo podré pagarte mi Señor;
te entrego mi vida hoy, toda hoy...
hoy vengo ante ti pidiéndote perdón, de rodillas ante ti.

Yo me rindo a ti, has lo que quieras de mí, mi Salvador
fortalece mi alma, dame tu unción,
yo quiero seguirte cantando esta canción,
recíbela mi Redentor, con tu amor.

YO QUIERO LAVAR TUS PIES, CON MIS LAGRIMAS, JESÚS
DERRAMANDO MI ALMA, ANTE TU ALTAR,
LLENA MI COPA SEÑOR, *TOMA MI VIDA HOY*
NO ME IRE DE AQUÍ, HASTA QUE ME BENDIGAS.

Yo me rindo a ti, has lo que quieras de mí, mi Salvador
fortalece mi alma, dame tu unción,
yo quiero seguirte cantando esta canción
recíbela mi Redentor, con tu amor

YO QUIERO LAVAR TUS PIES, CON MIS LAGRIMAS, JESÚS
DERRAMANDO MI ALMA, ANTE TU ALTAR,
LLENA MI COPA SEÑOR, *TOMA MI VIDA HOY*
NO ME IRE DE AQUÍ, HASTA QUE ME BENDIGAS,

CANTO: *UN JARDIN DE NINOS*
LETRA: *SULEMA GRIBAY*

Los niños sufren por la maldad, de la humanidad,
mi Dios les preparó un bello lugar, un bello jardín,
no más llanto ni sufrimiento, solo felicidad,
lo más hermoso es que ese lugar, es eternal.

Si los niños no pueden *correr,* ni tampoco *hablar,*
si los niños no pueden *mirar,* ni tampoco *oír,*
mi Dios les preparó un bello jardín, un bello lugar
donde todos como hermanitos, jugarán ahí.

UN JARDIN DE NIÑOS, DONDE LAS CALLES DE ORO CORRERAN,
UN JARDIN DE NIÑOS, DONDE SUS RISAS TODO OIRAN,
UN JARDIN DE NIÑOS, DONDE LA HERMOSURA DE DIOS
MIRARAN,
EN EL JARDIN DE NIÑOS, TODOS JUNTOS CON LOS ÁNGELES
CANTARÁN.

La inocencia de un niño es para Dios muy especial,
Dios dice en su palabra, hazte como un niño, para al cielo entrar,
si nosotros queremos también entrar, a ese bello jardín;
como un niño tenemos que ser, para entrar ahí

UN JARDIN DE NIÑOS, DONDE LAS CALLES DE ORO CORRERAN,
UN JARDIN DE NIÑOS, DONDE SUS RISAS TODO OIRAN,
UN JARDIN DE NIÑOS, DONDE LA HERMOSURA DE DIOS
MIRARAN,
EN EL JARDIN DE NIÑOS, TODOS JUNTOS CON LOS ÁNGELES
CANTARÁN.

CANTO: *JOVEN*
LETRA: *SULEMA GARIBAY*

Ninguno tome en poco tu juventud,
joven valiente, ejemplo de rectitud,
cada mañana tendrás nueva unción,
levantare cantando, nueva canción.

Joven eres el futuro, del ministerio santo,
levanta tu mirada, joven a lo alto,
no te dejes engañar de este mundo falso,
que Dios va contigo, guiando cada paso.

OH, JOVEN TU ERES ESPECIAL, DALE A DIOS TU CORAZÓN
CON SINCERIDAD, A MI DIOS
ENTREGALE A DIOS TU SENTIR, QUE DIOS HOY TE QUIERE
    BENDECIR,
TE QUIERE BENDECIR, CON SU AMOR.

Joven del Espíritu déjate llenar,
que él te quiere bendecir y fuerzas dar
porque el mundo buscándote está,
escóndete en Él, no te dejes encontrar.

OH, JOVEN TU ERES ESPECIAL, DALE A DIOS TU CORAZÓN
CON SINCERIDAD, A MI DIOS
ENTREGALE A DIOS TU SENTIR, QUE DIOS HOY TE QUIERE
    BENDECIR,
TE QUIERE BENDECIR, CON SU AMOR.

CANTO: *LA GRAN CIUDAD*
LETRA: SULEMA GARIBAY

Allá a lo lejos puedo mirar la luz de de una gran Ciudad
no a sido fácil, caminado vamos en la tempestad,
en el frío, también calor, vamos contentos sin renegar
ayudando al caído con nuestras fuerzas a levantar, a levantar.

DAME TU MANO MI HERMANO Y LEVANTEMOS HACIA EL CIELO,
DAME TU MANO MI HERMANO Y QUE JUNTOS LLEGAREMOS,
PORQUE UNIDO EN SU SANTO ESPÍRITU VENCEREMOS,
PORQUE UNIDO EN SU SANTO ESPÍRITU TRIUNFAREMOS.

LA GRAN CIUDAD, LA GARAN CIUDAD
DONDE MORA, DONDE MORA MI JESÚS,
LA GRAN CIUDAD, LA GRAN CIUDAD
NOS ESPERA MÁS ALLA, UN POCO MÁS, UN POCO MÁS Y
    LLEGAREMOS.

Es la Ciudad donde mi Dios en su palabra nos prometió,
allá no abra más dolor en el gozo de mi Señor,
donde se acaba todo afán, y con todo y temor,
es por eso lucho hoy por llegar a ese lugar, a ese lugar.

DAME TU MANO MI HERMANO Y LEVANTEMOS HACIA EL CIELO,
DAME TU MANO MI HERMANO Y QUE JUNTOS LLEGAREMOS,
PORQUE UNIDO EN SU SANTO ESPÍRITU VENCEREMOS,
PORQUE UNIDO EN SU SANTO ESPÍRITU TRIUNFAREMOS.

LA GRAN CIUDAD, LA GARAN CIUDAD
DONDE MORA, DONDE MORA MI JESÚS,
LA GRAN CIUDAD, LA GRAN CIUDAD
NOS ESPERA MÁS ALLA, UN POCO MÁS, UN POCO MÁS Y
    LLEGAREMOS.

CANTO: *SE FELIZ*
LETRA: SULEMA GARIBAY

Iluminaste con las estrellas
disfruta de las flores tan bellas
que envían rocío de la mañana,
respira el aire fresco por tu ventana.

Goza y disfruta lo bello
de la naturaleza, y el cielo
que cubren tus días más bellos,
no desprecies ser feliz ahora y verás.

SE FELIZ AHORA Y AQUI MIRARAS A TU ALREDEDOR,
GOZATE Y DISFRUTA HOY, MIRA LO POSITIVO EN DIOS,
PRONTO LLEGARA AQUEL DÍA, QUE TODOS ESTAMOS DESEANDO,
CUANDO JESÚS VENDRA, Y EN LAS NUBES NOS LLEVARA.

Sé que es difícil comprender,
cuando todo en ti es dolor,
pero recuerda todo pasará,
y Jesús pronto, muy pronto vendrá

Goza y disfruta lo bello
de la naturaleza, y el cielo
que cubren tus días más bellos
no desprecies ser feliz ahora y verás.

SE FELIZ AHORA Y AQUI MIRARAS A TU ALREDEDOR,
GOZATE Y DISFRUTA HOY, MIRA LO POSITIVO EN DIOS,
PRONTO LLEGARA AQUEL DÍA, QUE TODOS ESTAMOS
     DESEANDO,
CUANDO JESÚS VENDRA, Y EN LAS NUBES NOS LLEVARA.

CANTO: *VUELA PALABRA DE DIOS*
LETRA: *SULEMA GARIBAY*

Voy por el mundo predicando el evangelio
a toda criatura, donde mis pies no van
esperando que crean y sea bautizados
y no condenados, por eso canto con afán.

Que el mundo entero sepa que Jesús,
vino a morir en la cruz por él,
que todos crean y no se pierdan,
y vida eterna,vida eterna tendrán en Él

VUELA, VUELA PALABRA DE DIOS
POR LAS ONDAS DEL AIRE, HASTA EL MONTE DE ZION,
VUELA, VUELA PALABRA DE DIOS,
DESDE AQUI ANUNCIANDO LAS BUENAS, NUEVAS SALVACION.

VUELA, VUELA PALABRA DE DIOS
ANUNCIANDO AL MUNDO LA VENIDA DE JESÚS,
VUENLA VUELA PALABRA DE DIOS
POR LOS AIRES ANUNCIANDO LA LUZ, LA LUZ DE JESÚS.

VUELA, VUELA PALABRA DE DIOS
POR LAS ONDAS DEL AIRE, DE AQUI HASTA EL MONTE DE ZION
VUELA, VUELA PALABRA DE DIOS,
DESDE AQUI ANUNCIANDO LAS BUENAS, NUEVAS DE SALVACION.

VUELA VUELA PALABRA DE DIOS
ANUNCIANDO AL MUNDO LA VENIDA DE JESÚS,
VUENLA, VUELA PALABRA DE DIOS,
POR LOS AIRES ANUNCIANDO LA LUZ, LA LUZ DE JESÚS.

CANTO: *ABRE LA VENTANA*
LETRA: *SULEMA GARIBAY*

Eres el hijo del Rey,
tienes todo a tus pies,
no hay nada que desees,
todo tienes aquí.

Vives en un palacio,
lleno de gozo y alegría,
felicidad está en tu vida,
no hay más que desear.

CANTAS ALABANZAS A
TU PADRE CELESTIAL,
TE GOZAS EN SU PRESENCIA
NO HAY NADA SIN IGUAL.

ABRE LA VENTANA
DE TU PALACIO,
PARA QUE ESCUCHES EL CLAMOR,
DEL PUEBLO QUE GIME CON DOLOR.

Abre tu ventana,
asómate a mirar
el pueblo tan perdido,
les puedes ayudar.

CANTAS ALABAN…..

ABRE LA VEN…..

Los 10 cantos siguientes fueron grabados por primera vez el año 2007 por la Compañía Producciones Israel. En el vol. 7 del cantante. Titulado: **Quién es él**.

1.- CANTO: *LEVANTA TUS MANOS*
LETRA: *SULEMA GARIBAY*

Ya no hay por qué llorar,
ya no hay por que sufrir,
los problemas pasaran
aprendiendo a orar.

Si tú doblas rodillas
verás todo pasara,
confiando en Dios, él hará
la tormenta calmará.

LEVANTA TUS MANOS CON FE, DICIENDO VENCERE,
GRITA SI PODRE, CREYENDO CON CRISTO ESTARE,
LEVANTA TUS MANOS CON FE, DICIENDO VENCERE,
PORQUE MI VIDA EN EL, ES CUBIERTA DE PODER.

No vale la pena llorar,
no vale la pena sufrir,
si todo es pasajero
mejor seria reír.

Si tú doblas rodillas
verás todo pasara,
confiando en Dios, él hará
la tormenta calmará.

\\LEVANTA TUS MANOS CON FE, DICIENDO VENCERE.
GRITA SI PODRE, CREYENDO CON CRISTO ESTARE,
LEVANTA TUS MANOS CON FE, DICIENDO VENCERE,
PORQUE MI VIDA EN EL, ES CUBIERTA DE PODER//

2.- CANTO: *AGUA POR PIEDAD*
LETRA: *SULEMA GARIBAY*

Por un largo y seco desierto he caminado
por tu gran misericordia he cruzado,
el orgullo se quedó en la arena enterrado,
no más altivez, en mi pasado todo quedó.

Arrastrándome he llegado hasta tu altar
esperando de ti el perdón pueda alcanzar,
el desierto mis rodillas ya ha quebrantado,
humillado Dios ante ti clamo con dolor.

AGUA POR PIEDAD, PIDO AGUA QUE NASCA DE TI,
MANANTIAL DE VIDA, ALENTANDOME PARA VIVIR;
AGUA POR PIEDAD, PIDO AGUA QUE FLUYA DE TI,
SACIANDO MI SER, HO, MI DIOS NO QUIERO MORIR.

Tú eres real ahora mismo lo he comprendido,
pues andando yo perdido, estuviste a mi lado
mi Dios, tu grande amor hoy puedo agradecer
pues tu Señor me trajiste y aquí estoy.

\\AGUA POR PIEDAD, PIDO AGUA QUE NASCA DE TI,
MANANTIAL DE VIDA, ALENTANDOME PARA VIVIR;
AGUA POR PIEDAD, PIDO AGUA QUE FLUYA DE TI,
SACIANDO MI SER, HO MI DIOS NO QUIERO MORIR//

3.- CANTO: *TE AMO MI DIOS*
LETRA: *SULEMA GARIBAY*

Hoy he venido a decirte Señor que te amo
se que últimamente he estado muy ocupado,
el correr del vivir, el afán de mi existir
ante tus ojos Señor, pues no puedo mentir,

Jesús eres la luz que ilumina todo mi ser
desde el primer día de ti me enamoré
perdóname Jesús no he sabido mostrártelo,
pero hoy de rodillas vengo a decírtelo...

TE AMO MI DIOS, AUNQUE NO LO PAREZCA PERO SÍ,
TE AMO MI DIOS, AUNQUE ANDE AFANADO ESTOY AQUI,
TE AMO MI DIOS, HOY DECIDIDO VENGO HACIA TI,
A REPETIRTE MIL VECES, TE AMO TE AMO.

He andado tan ocupado que no he tenido
tiempo de decírtelo, pero hoy a tu lado,
dejo todo a un lado solo para decirte
mi Dios: te amo, te amo

\\TE AMO MI DIOS, AUNQUE NO LO PAREZCA PERO SÍ,
TE AMO MI DIOS, AUNQUE ANDE AFANADO ESTOY AQUI,
TE AMO MI DIOS, HOY DECIDIDO VENGO HACIA TI,
A REPETIRTE MIL VECES, TE AMO TE AMO//

4.- CANTO: *NUEVO DIA*
LETRA: *SULEMA GARIBAY*

Me acosté llorando, con miedo a enfrentar
del nuevo día, la vida, del mundo y su maldad,
amaneció abrí los ojos, de Dios el aire respiré,
vi la luz del nuevo día y de rodillas me postré.

No sé cuánto tiempo, pasó pidiendo a mi Dios
las fuerzas en mí, para enfrentar la verdad
que las pruebas me acercan cada día, cada día más y más
a ti corro, y en tus brazos me pongo a llorar.

QUÉ TIENEN TUS BRAZOS QUE ME DAN LA SEGURIDAD,
QUÉ TIENE TU AMOR QUE ME HACE VIVIR Y SOÑAR,
QUÉ TIENE TU VOZ MI DIOS, QUE ME HACE TEMBLAR,
DE DÍA Y DE NOCHE CONTIGO QUIERO ESTAR.

\\QUÉ TIENEN TUS BRAZOS QUE ME DAN LA SEGURIDAD,
QUÉ TIENE TU AMOR QUE ME HACE VIVIR Y SOÑAR,
QUÉ TIENE TU VOZ MI DIOS, QUE ME HACE TEMBLAR,
DE DÍA Y DE NOCHE CONTIGO QUIERO ESTAR//

5.- CANTO: *QUIÉN ES ÉL*
LETRA: *SULEMA GARIBAY*

Me hablaron de un hombre que hace milagros,
no sé si hablarle, no sé si buscarle;
que tiene poder en su palabra y autoridad,
que lava pecados y sana la enfermedad.

Me hablaron de hombre que murió por amor,
dicen que fue tan grande su amor, que se entregó
a la muerte para dar a su pueblo salvación,
abriendo la puerta del Cielo a toda Nación.

PUES QUIÉN SERA, QUE QUITA LA ENFERMEDAD,
QUE LAVA LOS PECADOS DE LA HUMANIDAD,
PUES QUIÉN SERA, HABLENME MÁS *QUIÉN ES ÉL,*
ESTOY NECESITADO, SU NOMBRE QUIERO SABER.

Me hablaron de hombre que murió por amor,
dicen que fue tan grande su amor, que se entregó
a la muerte para dar a su pueblo salvación,
abriendo la puerta del Cielo a toda Nación.

PUES QUIÉN SERA, QUE QUITA LA ENFERMEDAD,
QUE LAVA LOS PECADOS DE LA HUMANIDAD,
PUES QUIÉN SERA, HABLENME MÁS **QUIÉN ES ÉL,**
ESTOY NECESITADO, SU NOMBRE QUIERO SABER.
SE LLAMA JESÚS.

6.- CANTO: *SIMPLEMENTE GRACIAS*
LETREA: *SULEMA GARIBAY*

Los años que he vivido Señor a tu lado
a sido lo más hermoso que me ha pasado,
con todos mis errores tu me has aceptado,
con tu amor día a día me vas perfeccionando.

Hoy me detengo para darte Señor las gracias,
cuando más te necesité, siempre estabas tú,
cuando los amigos me dejaron, solo tú
en los momentos de angustia, acudiste tú.

GRACIAS OH, SIMPLEMENTE, GRACIAS MI SEÑOR,
INMENSO AGRADECIMIENTO TE DEBO MI SEÑOR,
NO ENCUENTRO PALABRAS PARA DECIRLO HOY,
SIMPLEMENTE, OH, SIMPLEMENTE, GRACIAS MI SEÑOR.

Con qué pagarte el inmenso amor mi Señor,
que diste tú vida por mí, siendo un pecador,
tus dulces caricias me hacen reconocer
que tú me has amado mucho antes de nacer.

\\GRACIAS, OH, SIMPLEMENTE, GRACIAS MI SEÑOR,
INMENSO AGRADECIMIENTO TE DEBO MI SEÑOR,
NO ENCUENTRO PALABRAS PARA DECIRLO HOY,
SIMPLEMENTE OH SIMPLEMENTE, \\GRACIAS MI SEÑOR//

7.- CANTO: *LAGRIMAS DE UN ÁNGEL*
LETRA: *SULEMA GARIBAY*

Todos las noches, en el rincón de una camita
se oía con dolor, el llanto de un pequeñito,
aquel niño, siempre decía en su vocecita:
Por qué te fuiste, te quiero mamita.

Su llanto era tan triste y lleno de dolor,
que sus lágrimas, llegaron al trono de Dios
y entre llanto y sueño, un día oyó la voz de Dios
no supo si fue sueño o visión, tal vez las dos

ANGELITO NO LLORES MÁS, TE HE TRAIDO A TU MAMÁ
ALZANDO SU MIRADA, HACIA ALLÁ PUDO CONTEMPLAR,
A MAMI QUIEN EXTENDIO SUS MANOS LO TOMO,
Y ASI ABRAZADOS ELLA EN SUS FRAZOS LO ARRULLO.

Desde esa noche, el angelito ya pudo dormir,
Dios le ha puesto amor y paz en su existir,
el sabe que sirviendo a Dios un día
podrá ver a su mamita, y abrazarla con alegría

ANGELITO NO LLORES MÁS, TE HE TRAIDO A TU MAMÁ
ALZANDO SU MIRADA, HACIA ALLÁ PUDO CONTEMPLAR,
A MAMI QUIEN EXTENDIO SUS MANOS LO TOMO,
Y ASI ABRAZADOS ELLA EN SUS FRAZOS LO ARRULLO.

8.- CANTO: TE EXTRAÑO MAMÁ
LETRA: *SULEMA GARIBAY*

Han pasado los años, cada día más te extraño,
perdóname Mamá, no sabía cuánto te amo,
te recuerdo Mamá, por donde quiera que ando,
sé que tus oraciones a mi están llegando.

Ahora ya lo sé has querido para mi lo mejor,
ahora ya lo sé que has demostrado tu amor,
puedo comprender que reprenderme era tu deber,
cuando veo el amanecer, más te quiero ver.

AGUANTA UN POCO MÁS MAMÁ, QUE LLEGARE,
PIDO A DIOS PONGA LOS MEDIOS Y AHI ESTARE,
QUIERO MIRAR TUS OJOS, Y TUS MEJILLAS BESAR,
Y ASI AL ESTAR A TU LADO, EMPEZARTE A CUIDAR.

(EL TIEMPO Y LA DISTANCIA ES NUESTRO ENEMIGO,
TE EXTANO MUCHO MAMÁ).

Ya no llores mamá, ahora ya soy diferente,
ya no llores mamá, Dios me cambio la mente,
la distancia hace que me sienta impotente,
pero en Dios confío y se que volveré a verte.

\\AGUANTA UN POCO MÁS MAMÁ, QUE LLEGARE,
PIDO A DIOS PONGA LOS MEDIOS Y AHI ESTARE,
QUIERO MIRAR TUS OJOS, Y TUS MEJILLAS BESAR,
Y ASI AL ESTAR A TU LADO, EMPEZARTE A CUIDAR//

9.- CANTO: *EMBAJADOR*
LETRA: *SULEMA GARIBAY*

Hijo mío, te mandé llamar para decirte, que te amo,
recordarte que el tiempo se está acabando,
que te has descuidado, ya vives encerrado,
no me has predicado, te la pasas ocupado.

Tiempo atrás te escogí como mi embajador,
de este tu Reino tenías tú que predicar,
del cual yo soy tu Rey tu Señor y Salvador;
me entristeces, has tomado en poco tu labor.

ID POR TODO EL MUNDO PREDICANDO MI PALABRA,
HABLANDO MIS DESEOS DESDE EL AMANECER,
QUE EL MUNDO Y SUS DESEOS TODO PASARA,
QUE SOLO ESTE TU REINO, PERMANECERA.

Embajador te he escogido, eres especial,
no me defraudes pequeño embajador,
el día de hoy te vuelvo a nombrar embajador,
hijo mío, empieza a trabajar, valora tu labor.

ID POR TODO EL MUNDO PREDICANDO MI PALABRA,
HABLANDO MIS DESEOS DESDE EL AMANECER,
QUE EL MUNDO Y SUS DESEOS TODO PASARA,
QUE SOLO ESTE TU REINO, PERMANECERA.

10.- CANTO: *QUINCE AÑOS. PRINCESA*
LETRA: *SULEMA GARIBAY*

Princesita, todos somos felices a tu lado,
parece que fue ayer, quince años han pasado,
botón fresco, preciosa niña, has crecido
en los caminos de Dios, quince años has cumplido.

Los que te queremos le pedimos a Dios por ti,
que guarde los días de tu vida, y cuide de ti,
que sobre abunden las bendiciones hacia ti,
permaneciendo en el amor de Dios y de Dios en ti.

HOY CANTEMOS UNIDOS, LOS QUE HEMOS CONVIVIDO
CONTIGO TU VIDA Y TUS ALEGRÍAS, Y TRISTEZAS,
TU NIÑEZ NO SE OLVIDARA, FELICIDADES,
FELICIDADES, HOY ES TU CUMPLE AÑOS PRINCESA.

Todo el tiempo acuérdate te tu creador
para que el día de mañana vivas sin temor
a tus pies lampara es la palabra de Dios
para que puedas ver, lumbrera en tu camino, en tu camino es

HOY CANTEMOS UNIDOS, LOS QUE HEMOS CONVIVIDO
CONTIGO TU VIDA Y TUS ALEGRÍAS, Y TRISTEZAS,
TU NIÑEZ NO SE OLVIDARA, FELICIDADES,
FELICIDADES, HOY ES TU CUMPLE AÑOS PRINCESA.

LAS ULTIMAS 20

Los 10 cantos que siguen, fueron grabados por primera vez en el año 2008 por la Compañía Producciones Israel, en el vol. 8 del cantante. Titulado: **Corramos la carrera.**

1.- CANTO: *CORRAMOS LA CARRERA*
LETRA: *SULEMA GARIBAY*

Corriendo la carrera
decido a triunfar,
de la mano de Jesús
a la meta he de llegar.

Nada, nada se opondrá
pues Jesús conmigo va,
yo contento llegare,
a su tiempo ahí estaré

NO IMPORTA LLEGAR PRIMERO O EL ULTIMO SER,
LO MÁS IMPORTANTE ES LLEGAR Y PODER VENCER,
CORRAMOS LA CARRERA DEL CAMINO CELESTIAL,
PELEEMOS JUNTOS LA BATALLA ESPIRITUAL.

TOMEMOS AGUA DE LA VIDA DEL MANANTIAL,
Y GANEMOS LA CORONA, DE LA VIDA ETERNAL.

Pues si Dios conmigo va
no hay razón para temer,
confiada mi alma
hasta la meta he de llegar,

NO IMPORTA LLEGAR PRIMERO O EL ULTIMO SER,
LO MÁS IMPORTANTE ES LLEGAR Y PODER VENCER,
CORRAMOS LA CARRERA DEL CAMINO CELESTIAL,
PELEEMOS JUNTOS LA BATALLA ESPIRITUAL

TOMEMOS AGUA DE LA VIDA DEL MANANTIAL,
Y GANEMOS LA CORONA, DE LA VIDA ETERNAL,

2.- CANTO: *Y AHORA SOY LIBRE*
LETRA: *SULEMA GARIBAY*

Si no me dejan buscarte mi Dios, más lo haré,
creen que solo es un capricho, caso no lo haré,
he tocado tu manto mi Jesús, yo bien lo sé,
que desde ese día, enamorado de ti me quedé.

Gran virtud salió de ti oh mi Dios, mi Jesús,
nadie comprende lo que ese día sentí mi Señor,
mi corazón y todo mi ser, de virtud se lleno,
desde ese momento, él mis pecados se llevo.

Y AHORA SOY LIBRE, Y AHORA SOY SANO,
QUISIERA GRITARLE AL MUNDO QUE VENGAN A ÉL;
Y AHORA SOY LIBRE, Y AHORA SOY SANO
NO IMPORTA QUE DIGA EL MUNDO, YO LE SEGUIRE.

Si crees que vas caminando amigo en rectitud,
espera la vida, grandes sorpresas te daré
cuando atrapado tú estés, en la multitud...
recuerda tocar el manto, de mi Jesús.

Y AHORA SOY LIBRE, Y AHORA SOY SANO,
QUISIERA GRITARLE AL MUNDO QUE VENGAN A ÉL;
Y AHORA SOY LIBRE, Y AHORA SOY SANO
NO IMPORTA QUE DIGA EL MUNDO, YO LE SEGUIRE.

3.- CANTO: *ALELUYA, ALELUYA*
LETRA: *SULEMA GARIBAY*

En la paz del silencio, puedo disfrutar de ti
cuando todo duerme,me siento cerca de ti
no hay nada que disturbe mi alma, descansa en paz
me siento en las nubes, pues conmigo Dios está.

Con mis ojos cerrados siento tus manos Señor,
tan fuerte es tu mirada, que se penetra en mi ser,
me gozo en amarte, en mi sueño oh mi Dios, mi Señor;
nunca he de dejarte, pues en tus manos estoy.

ALELUYA, ALELUYA, GLORIA ALELUYA, ALELUYA,
LOS ÁNGELS CANTAN, YO TAMBIÉN CON PASION;
ALELUYA, ALELUYA, GLORIA ALELUYA, ALELUYA,
LOS ÁNGELES CANTAN, YO TAMBIÉN ESTA CANCION.

Vela mi sueño profundo oh, Dios mi Señor,
poniendo con gran celo tus alas a mi alrededor,
tu sangre derramaste, pues caro me compraste,
estoy para serviste, y cantarte y adorarte.

ALELUYA, ALELUYA, GLORIA ALELUYA, ALELUYA,
LOS ÁNGELS CANTAN, YO TAMBIÉN CON PASION;
ALELUYA, ALELUYA, GLORIA ALELUYA, ALELUYA,
LOS ÁNGELES CANTAN, YO TAMBIÉN ESTA CANCION.

4.-CANTO: *TU GLORIA*
LETRA: *SULEMA GARIBAY*

Esperar oh, Dios en ti sé que es difícil
pero sólo tú Señor conoces todo de mí,
contigo no hay dolor, me refugio en ti,
contesta mi oración, contesta mi petición.

En ti confiare, pacientemente esperaré
porque en lo imposible te glorificas lo sé,
das la luz al perdido y esperanza al caído,
a ti mis manos levantaré, en ti esperare.

TU GLORIA, AL SENTIR LA RESPUESTA EN MI VIVIR,
TU ESPÍRITU SENTIR ES LA ESPERANZA EN MI,
TU GLORIA, AL SENTIR LA RESPUESTA EN MI DOLOR,
SE QUE TU ESTAS AQUI, ESCUCHANDO MI CLAMOR.

Llena mi alma de fe, llena mi vida de ti,
Satúrame Señor de tu infinito amor,
envuélveme en tus brazos oh mi Dios, mi Señor,
a ti mis manos levantaré, en ti esperaré.

TU GLORIA, AL SENTIR LA RESPUESTA EN MI VIVIR,
TU ESPÍRITU SENTIR ES LA ESPERANZA EN MI,
TU GLORIA, AL SENTIR LA RESPUESTA EN MI DOLOR,
SE QUE TU ESTAS AQUI, ESCUCHANDO \\MI CLAMOR//

5.- CANTO: *MI PASTOR* (CUMBIA GRUPERA)
LETRA: *SULEMA GARIBAY*

Mi pastor tiene un lugar especial en mi ser,
mi pastor confía en mí y me ayuda a crecer,
cuando todos de mí se burlaban, el oro por mí,
mi pastor de rodillas clamó por mi al Señor.

Estoy ablando del ángel de Dios puesto aquí,
en estas tierras, cerca para pastorearme a mí,
lo he visto llorando por mí clamando misericordia
al Pastor de pastores, al Dios de la gloria.

MI PASTOR, NUNCA SE DIO POR VENCIDO, EL LUCHO,
MI PASTOR, AHORA A DIOS LE PIDO POR TI, CON AMOR
QUE TE BENDIGA, Y TE GUARDE, MIS DESEOS ESOS SON,
QUE DIOS TE FORTALEZCA, PARA SEGUIR, MI PASTOR.

Cuando enfermo estuve, el nunca me dejó,
cuando necio me porté, él nunca dudó,
que el poder de Dios cambiare mi vida,
como soldado valiente curo mis heridas.

\\MI PASTOR, NUNCA SE DIO POR VENCIDO, EL LUCHO,
MI PASTOR, AHORA A DIOS LE PIDO POR TI, CON AMOR
QUE TE BENDIGA, Y TE GUARDE, MIS DESEOS ESOS SON,
QUE DIOS TE FORTALEZCA, PARA SEGUIR, MI PASTOR//

6.- CANTO: *MALA EXPERIENCIA*
LETRA: *SULEMA GARIBAY*

Te dejé ir como si fuera ave de paso
no supe que decir, solo te vi alejarte
cuando te necesité, ya fue muy tarde
el llorar, yo sé que no te hará volver.

Pero si tan solo te hubiera valorado,
ahora mismo no estaría tan arruinado
al verte amado, cuando estabas a mi lado,
pero fui insensato, ya lo estoy aceptando.

QUIERO QUE HOY ME PUEDAS PERDONAR OH, MI DIOS,
Y QUE JUNTOS PODAMOS CAMINAR ASI LOS DOS,
QUIERO QUE EL TIEMPO PASADO SEA SOLO PARA MI;
MALA EXPERIENCIA QUE NO VOLVERA A REPETIR.

Al perdonarme, mi Dios te prometo cambiar
mi forma de ser, y de empezar valorando
exaltándote, amándote y honrando mi Dios,
porque tú eres Rey, mi Dios siempre te serviré.

QUIERO QUE HOY ME PUEDAS PERDONAR OH, MI DIOS,
Y QUE JUNTOS PODAMOS CAMINAR ASI LOS DOS,
QUIERO QUE EL TIEMPO PASADO SEA SOLO PARA MI;
MALA EXPERIENCIA QUE NO VOLVERA A REPETIR.

7.- CANTO: DIVINA *FORTALEZA*
LETRA: *SULEMA GARIBAY*

Fortaleza divina que viene de mi Dios,
divina fortaleza que me ayuda a seguir
en las luchas y las pruebas, Él esta aquí
fortaleciendo así mi alma y a mi existir.

En las horas amargas, consuelo Él me da,
en los días tan largos, más paciencia me da,
divina fortaleza, de lo alto llegó
muy dentro de mi, animándome a sonreír.

DIVINA FORTALEZA, ME PUSE A RESPIRAR,
DIVINA FORTALEZA, EN DIOS ME HACE CONFIAR,
DIVINA FORTALEZA, ME LEVANTA EL DOLOR
DEMOSTRANDOME ASI, EL GRAN PODER DE DIOS.

Fortaleza divina que viene de mi Dios,
divina fortaleza enviada de mi Señor,
si estoy desesperado siempre vas a mi lado,
pues mi ansiedad, mi Dios en mí ha calmado.

\\DIVINA FORTALEZA, ME PUSE A RESPIRAR,
DIVINA FORTALEZA, EN DIOS ME HACE CONFIAR,
DIVINA FORTALEZA, ME LEVANTA EL DOLOR
DEMOSTRANDOME ASI, EL GRAN PODER DE DIOS//

8.- CANTO: *UN MILAGRO MAS*
LETRA: SULEMA GARIBAY

Hoy mi Dios has inyectado algo dentro de mí,
has devuelto a ver la luz que antes no vi,
he vuelto a sentir contigo la seguridad
que ayer de noche no podía contemplar.

Hoy me has dado un milagro más, puedo decir
respirando el nuevo aire sin preocupación,
pues se que estuviste siempre en mi dolor,
y me has libertado, de esa gran opresión.

¿CON QUE AGRADECERTE QUE ESTES A MI LADO?
¿COMO PODRE PAGARTE ESTE GRANDE MILAGRO?
¡HAS SIDO MI APOYO, TAMBIÉN MI ABOGADO,
MI DIOS ME ENTREGO A TI QUE ME HAS AYUDADO!

Ya puedo dormir y descansar, confiado estar,
que en el frío Dios con sus alas me cubrirá;
su vara y su cayado aliento me infundirán,
no temeré al fuete viento ni a la obscuridad.

¿CON QUE AGRADECERTE QUE ESTES A MI LADO?
¿COMO PODRE PAGARTE ESTE GRANDE MILAGRO?
¡HAS SIDO MI APOYO TAMBIÉN MI ABOGADO,
MI DIOS ME ENTREGO A TI QUE ME HAS AYUDADO!

9.- CANTO: *ERES TU MI JESÚS*
LETRA: *SULEMA GARIBAY*

Estoy aprendiendo a depender de ti mi Jesús.
estoy viviendo la diferencia, el cambio en mí,
el aire que yo respiro, la luz que me ilumina,
eres tú mi Salvador, eres tú mi Jesús.

Cada mañana te busco dentro de mí, mi Jesús,
para ir en este mundo confiando sólo en ti.
la paz que me rodea, la fe en la carrera,
eres tú mi Salvador, eres tú mi Jesús.

MI JESÚS, HAS CAMBIADO MI MANERA DE SENTIR,
TU SANGRE ME HA LIMPIADO Y YA PUEDO VIVIR,
MI JESÚS, ME HAS PERDONADO AGRADECIDO ESTOY,
YA PUEDO GRITAR, QUE HAS HECHO UN CAMBIO EN MI.

(TU ERES LA FUENTE DE AMOR
QUE NO TERMINA DE BENDECIRME
QUE MÁS PUEDO DECIR MI SEÑOR,
GRACIAS MI JESÚS, MI ALMA TE ALABA, PADRE)

Ya nunca volveré a ser el mismo mi Jesús,
contaré al mundo lo que tú has hecho en mi,
puedo cantar, puedo reír y hasta llorar,
y todo gracias a ti mi Dios, mi Jesús

\\MI JESÚS, HAS CAMBIADO MI MANERA DE SENTIR,
TU SANGRE ME HA LIMPIADO Y YA PUEDO VIVIR
MI JESÚS, ME HAS PERDONADO AGRADECIDO ESTOY,
YA PUEDO GRITAR, QUE HAS HECHO UN CAMBIO EN MI//

10.- CANTO: *LO QUE DIOS UNIO,* (ESTE ES: CANTO DE BODA.)
LETRA: *SULEMA GARIBAY*

Varón y dama Dios un día así los formó
también por amor Dios así un día los unió,
a Adan y Eva que con amor formó,
a él y ella hoy, Dios por amor los invito.

Para que juntos se prometan ante Él lealtad,
que tomados de la mano vengan hacía el altar,
de ste amor Dios será el testigo principal,
porque lo que Dios une no se puede desatar.

LO QUE DIOS UNIO, EL HOMBRE NO PUEDE SEPARAR,
POR SIEMPRE QUEDARÁ REVELADO, EN EL ALTAR,
LOS VIDEOS Y FOTOS SE PODRAN DESTRUIR,
PERO EL AMOR DE DIOS EN ELLOS, LOS VA A CUBRIR.

Están preparados para prometerse ante Dios
fidelidad, amor, respeto y también comprensión,
por eso prepararon este día especial los dos,
para recibir por amor, de Dios la bendición.

LO QUE DIOS UNIO, EL HOMBRE NO PUEDE SEPARAR,
POR SIEMPRE QUEDARÁ REVELADO, EN EL ALTAR,
LOS VIDEOS Y FOTOS SE PODRAN DESTRUIR,
PERO EL AMOR DE DIOS EN ELLOS, LOS VA A CUBRIR.

Estos son los 10 últimos cantos que fueron grabados por primera el año 2010 por Producciones Israel, en el vol. 9 del cantante. Titulado: **Mi triunfo**.

1.- CANTO: *MI RIUNFO*
LETRA: *SULEMA GARIBAY*

Voy viviendo la prueba más grande de mi vida,
voy caminando, pero parece no terminar
oh, que prueba tan grande, Dios me ha de iluminar,
y es que voy confiando en Dios al caminar

Del valle de sombras había escuchado hablar,
la muerte me aconseja, quítate ya de llorar,
pero yo sé que al final de este túnel está la luz
esperando me allá mi amado Jesús.

YA PUDEDO VER SU ROSTRO SONRIENDOME AL LLEGAR,
ESPERANDOME JESÚS CON SUS BRAZOS ABIERTOS,
YA PUEDO VER SU ROSTRO LLENO DE FELICIDAD,
CELEBRANDO MI TRIUNFO AHI ESTARA.

Yo había visto a otros vivir este gran dolor,
pero nunca pensé que me pasara a mí,
no sabía lo difícil que era sobrevivir,
pero Dios que todo lo ve, quiso probarme así.

YA PUDEDO VER SU ROSTRO SONRIENDOME AL LLEGAR,
ESPERANDOME JESÚS CON SUS BRAZOS ABIERTOS,
YA PUEDO VER SU ROSTRO LLENO DE FELICIDAD,
CELEBRANDO MI TRIUNFO AHI ESTARA.

2.- CANTO: *ENVUELVEME EN TUS ALAS*
LETRA: *SULEMA GARIBAY*

Bajo tus alas cobíjame, el fuerte frío me agobia,
bajo tus alas escóndeme, quiero sentir tu gloria,
dándote a ti solo el honor, en tu espíritu envuélveme
mi Dios; mi todo mi Señor solo en ti, perdiéndome.

ENVUELVEME ENT US ALAS, ACURRUCAME EN TI,
ENVUELVEME EN TUS ALAS, Y TU ESPÍRITU SENTIR,
ENVUELVEME EN TUS ALAS, MI SEÑOR OH, GRAN YO SOY,
DIOS DE JACOB, DE ISAAC, DIOS DE AYE Y DIOS DE HOY.

Todo allá afuera es dolor, hoy en ti me quiero perder,
dame de tu infinito amor, solo tú me puedes comprender.

ENVUELVEME ENT US ALAS, ACURRUCAME EN TI,
ENVUELVEME EN TUS ALAS, Y TU ESPÍRITU SENTIR,
ENVUELVEME EN TUS ALAS, MI SEÑOR OH, GRAN YO SOY,
DIOS DE JACOB DE ISAAC, DIOS DE AYE Y DIOS DE HOY.

3.- CANTO: *CAIGAN LOS MUROS*
LETRA: *SULEMA GARIBAY*

Si te sientes triste y no puedes cantar,
si el dolor te ha venido a tumbar,
alégrate hoy es el día, para empezar,
alégrete, Dios ha venido a consolar.

Si el pecado te sigue en el caminar,
si el pasado te sigue para atormentar,
desde ahora eres libre para triunfar,
solo confía en Jesús y tus ojos lo verán.

CAIGA, CAIGA, CAIGA, EL MURO DE LA VANIDAD,
CAIGA, CAIGA, CAIGA, EL MURO DE LA ENFERMEDAD,
CAIGA, CAIGA, CAIGA, ESE MIEDO QUE NO ES DE DIOS,
TODOS JUNTOS CLAMEMOS A UNA VOZ.

EN EL NOMBRE PODEROSO DE JESÚS,
EN EL NOMBRE PODEROSO DEL SEÑOR,
TODOS JUNTOS CLAMEMOS A UNA VOZ
EN EL NOMBRE..., EN EL NOBMRE DE JESÚS.

Si la angustia ha llegado a tu corazón,
y de pronto te sientes en aflicción,
ya no dudes más, dale a Dios tu corazón,
romperás toda cadena, en el nombre de Jesús.

CAIGA, CAIGA, CAIGA, EL MURO DE LA VANIDAD,
CAIGA, CAIGA, CAIGA, EL MURO DE LA ENFERMEDAD,
CAIGA, CAIGA, CAIGA, ESE MIEDO QUE NO ES DE DIOS,
TODOS JUNTOS CLAMEMOS A UNA GRAN VOZ.

EN EL NOMBRE PODEROSO DE JESÚS,
EN EL NOMBRE PODEROSO DEL SEÑOR,
TODOS JUNTOS CLAMEMOS A UNA VOZ,
EN EL NOMBRE..., EN EL NOMBRE DE JESÚS.

4.- CANTO: *YA NO SOY EL MISMO*
LETRA: *SULEMA GARIBAY*

Ya no soy el mismo,
ayer yo estaba ciego,
ahora feliz yo voy,
caminado com mi Dios.

Ayer jugaba a la vida,
hoy vivo la vida,
ayer vivía en pecado,
ahora fui perdonado.

YO ANDABA PERDIDO, PERO JESÚS ME HALLO,
AHORA SOY DIFERENTE, POR ESO TE HABLO HOY,
Y TU QUE ESPERAS MI AMIGO, VEN VIVE HOY
LA LIBERTAD DE VIVIR, DE SOÑAR Y DE REIR.

SOLAMENTE DIOS LA TIENE Y LA OFRECE HOY,
SER ESCLAVO DEL MUNDO NO TRAE NADA AL FIN.

Ya no soy el mismo,
antes cantaba al mundo,
ahora se goza mi alma,
porque sé que Dios me ama.

YO ANDABA PERDIDO, PERO JESÚS ME HALLO
AHORA SOY DIFERENTE, POR ESO TE HABLO HOY,
Y TU QUE ESPERAS MI AMIGO, VEN VIVE HOY
LA LIBERTAD DE VIVIR, DE SONAR Y DE REIR.

SOLAMENTE DIOS LA TIENE Y LA OFRECE HOY
SER ESCLAVO DEL MUNDO NO TRAE NADA AL FIN.

5.- CANTO: ¿QUE *PASARA MAÑANA?*
LETRA: *SULEMA GARIBAY*

¿Qué pasará mañana?
en realidad ¿Qué será?,
se oyen muchos rumores,
el mundo en dolores.

Surgen enfermedades,
y se salen los mares,
urge buscar a Dios,
entreguémonos a Él.

Los humanos corren,
de aquí para allá
buscando, según la paz,
que no pueden encontrar.

EN JESÚS ESTA LA PAZ Y EN ÉL VIVIR,
TODO AQUI EN ESTE MUNDO, SE ACABARA,
SU PALABRA PARA SIEMPRE PERMANECERA,
EL ES EL ALFA Y LA OMEGA EL PRINCIPIO Y EL FIN

Amigo no te asustes,
si estas acorralado solo Dios te sacara
Dios te libertara, te libertara

EN JESÚS ESTA LA PAZ Y EN EL VIVIR
TODO AQUI EN ESTE MUNDO, SE ACABARA
SU PALABRA PARA SIEMPRE PERMANECERA
ÉL ES EL ALFA Y LA OMEGA, EL PRINCIPIO Y EL FIN.

6.- CANTO: *VOLO, VOLO*
LETRA: *SULEMA GARIBAY*

Los dos éramos felices en un tiempo,
reíamos, jugábamos, dándonos amor,
como niños peleábamos y reíamos, oh,
solo quedará el recuerdo de lo que nos pasó.

Para mí es como un sueño pero es verdad,
todo ser humano algún día tendrá que marchar,
para vivir así por fin con Dios en la eternidad (ah),
y mis ojos se mojan aunque no quiera llorar (aaa),

Y VOLO, VOLO, Y VOLO, HACIA EL CIELO VOLO,
COMO PALOMA EN LAS NUBES, DESAPARECIO,
Y VOLO, VOLO, Y VOLO, HACIA EL CIELO VOLO,
PARA REUNIRSE CON SU DIOS, QUE ES SU CREADOR.

(NO TE VERE MÁS EN ESTA VIDA,
NI TOCARE MÁS TUS MANOS,
ALLÁ EN GLORIA NOS VEREMOS,
Y JUNTOS A DIOS ALABAREMOS)

Aunque sé que ya te fuiste a la gran mansión,
aun así como humano me duele el corazón,
tus recuerdos estarán siempre presentes en mí (iii),
despedirnos hoy nos toca a ti y a mi aquí (oooh).

Y VOLO, VOLO, Y VOLO, HACIA EL CIELO VOLO,
COMO PALOMA EN LAS NUBES, DESAPARECIO,
Y VOLO, VOLO, Y VOLO, HACIA EL CIELO VOLO,
PARA REUNIRSE CON SU DIOS, QUE ES SU CREADOR.

7.- CANTO: *DONDE ESTAS MI DIOS*
LETRA: *SULEMA GARIBAY*

Sabemos que es muy difícil esperar en Dios,
cuando lo vemos tornarse en obscuro color,
aquel problema que parece nunca terminar,
dónde estas Dios que me vengas a ayudar

Lo buscamos de mañana, tal vez hoy aparecerá,
y lo buscamos en el trueno de la tormenta,
en el sonido del viento, tal vez ahí esté;
el tiempo pasó mi Dios, ya me desanimé, me desanimé...

DONDE, DONDE ESTA MI DIOS, YA NO PUEDO MÁS,
YA NO TENGO PACIENCIA PARA ESPERARTE MÁS,
SI NO LLEGAS HOY, PUES, MANDAME EL CONSOLADOR,
EL CONSOLADOR, CONSOLADOR, SEÑOR POR FAVOR

Quisiera tener fe como David el Salmista,
pacientemente esperó en ti y tuvo respuesta;
sácame Señor de este pozo de obscuridad
guiando mis pasos a toda justicia y verdad, y verdad...

DONDE, DONDE ESTA MI DIOS, YA NO PUEDO MAS,
YA NO TENGO PACIENCIA PARA ESPERARTE MÁS,
SI NO LLEGAS HOY, PUES, MANDAME EL CONSOLADOR,
EL CONSOLADOR, CONSOLADOR, SEÑOR POR FAVOR.

8.- CANTO: *ME ENAMORÉ*
LETRA: *SULEMA GARIBAY*

Estoy pensando en ti,
esto es algo nuevo
que no lo entiendo,
pues me enamoré.

Te andaba buscando
sin tener resultados,
por las grandes ciudades
anduve caminando.

Hasta subí a Los montes,
gritando donde estás...,
pero hoy te encuentro,
hoy de Dios me enamoré.

ME ENAMORÉ, SIENTO SU PRESENCIA Y TIEMBLO,
AUNQUE SU ROSTRO NO HE VISTO, PERO ENTIENDO,
SÉ QU EL ES REAL, SU ESPÍRITU EN MI LO SIENTO
ACARICIANDO MI SER, DE MI DIOS ME ENAMORÉ.

Te he esperado amor,
te he llegado a conocer,
millones de mariposas
siento en todo mi ser.

Oh mi Jesús fuiste tú,
quien de amor me llenó
su amor me conquistó,
de mi Dios me enamoré.

ME ENAMORE, SIENTO SU PRESENCIA Y TIEMBLO,
AUNQUE SU ROSTRO NO HE VISTO, PERO ENTIENDO,
SÉ QU EL ES REAL, SU ESPíRITU EN MI LO SIENTO
ACARICIANDO MI SER, DE MI DIOS ME ENAMORE.

9.- CANTO: *MANDANOS EL FUEGO*
   (CUMBIA GRUPERA)
LETRA: *SULEMA GARIBAY*

Dios mandonos el fuego, el fuego purificador,
Dios mandonos el fuego, el fuego de tu amor.

Oh Santo Espíritu, Espíritu de mi Dios,
manifiéstate aquí que te queremos sentir.

Como el día especial, el día del pentecostés,
como el día especial, hoy queremos disfrutar.

MANDANOS HOY DIOS EL FUEGO ESPECIAL,
MIRA QUE TU PUEBLO BUSCAMOS LA SANTIDAD
QUE QUEMA, QUE QUEMA IMPUREZA E INIQUIDAD,
MIRA QUE TU PUEBLO BUSCAMOS LA SANTIDAD.

SE REPITE TODO EL CANTO…..

10.- CANTO :*DAME TU MANO*
LETRA: SULEMA GARIBAY

Adiós a mis amigos que ayer juntos caminamos
esos caminos del mundo, juntos de la mano
el pasado quedará ya atrás olvidado,
hoy nueva vida mi Jesús me ha brindado.

Nueva vida, nuevos cielos me ha ofrecido,
morada eterna mi Jesús, me ha convencido,
y si tú quieres mi amigo también ir conmigo,
dame tu mano y te enseñaré el camino.

CONFIANDO EN JESÚS, EL CON AMOR NOS GUIARA
JESÚS ES EL CAMINO Y LA VIDA Y LA VERDAD,
CONFIANDO EN JESÚS, EL CON AMOR NOS GUIARA,
JESÚS ES LA LUZ AQUI Y EN LA ETERNIDAD.

Jesús es la luz no estarás más ya en tinieblas,
ven a él a sus pies arrepentido, que te dará
vida eterna, seguridad, tu dolor calmará,
nueva esperanza a tu vida, El ofrecerá.

CONFIANDO EN JESÚS, EL CON AMOR NOS GUIARA
JESÚS ES EL CAMINO Y LA VIDA Y LA VERDAD,
CONFIANDO EN JESÚS, EL CON AMOR NOS GUIARA,
JESÚS ES LA LUZ AQUI Y EN LA ETERNIDAD.